Lesen
Staunen
Wissen

Rupert Hochleitner und Melanie Kaliwoda

Gesteine & Mineralien

Entdecken, Bestimmen, Sammeln

Illustrationen von Susanne Göhlich

GERSTENBERG

Die Einbandabbildung zeigt Kristalle des Minerals Antimonit.

Lesen
Staunen
Wissen

Dr. Rupert Hochleitner ist Stellvertretender Direktor der Mineralogischen
Staatssammlung München. Seit seiner Jugend sammelt er Mineralien.
Er hat mehrere Bücher zu dem Thema veröffentlicht, die in 15 Sprachen
übersetzt wurden.

Dr. Melanie Kaliwoda ist Kuratorin am Museum Reich der Kristalle,
München. Dort ist sie verantwortlich für die Museumspädagogik und
hat zahlreiche Mitmach-Programme für Kinder und Jugendliche
entwickelt.

Für die Reihe **Lesen – Staunen – Wissen** haben die beiden Autoren bereits
den Band *Edelsteine & Kristalle* geschrieben.

Copyright © 2013 Gerstenberg Verlag, Hildesheim
Alle Rechte vorbehalten
Grafik (S. 34), **Karte** (S. 60/61) Peter Palm, Berlin
Einband, Gestaltung, Satz
Farnschläder & Mahlstedt, Hamburg
Druck Interak, Czarnków
Printed in Poland
www.gerstenberg-verlag.de
ISBN 978-3-8369-5581-2

FSC
www.fsc.org
MIX
Papier aus ver-
antwortungsvollen
Quellen
FSC® C015559

Inhalt

Woraus unsere Erde besteht 4

Mineralien, Gesteine und Erze:
Wie du sie unterscheiden kannst 6
So sehen Mineralien aus:
Wunderbare Vielfalt 8
Die Kristallformen der Mineralien:
Flächen, Ecken, Kanten 10
Das Innere der Mineralien:
Atome, Moleküle und Ionen 12
Eigenschaften von Mineralien:
Mineralien selbst bestimmen 14
Gold, Silber, Platin & Co.:
Die Metalle 16

Die Welt der Gesteine 18

Eigenschaften von Gesteinen:
Unter Druck 20
Vulkanische Gesteine:
Magma und Lava 22
Vulkanite 23
Tiefengesteine:
Plutonite und Pegmatite 24
Metamorphe Gesteine:
Wie Granit zum Gneis wird 26
Sedimentgesteine:
Verwitterung und Fällung 28
Vom Lebewesen zum Stein 29
Lockergesteine:
Sand und Kies 30
Spuren aus der Urzeit:
Fossilien 32
Der Kreislauf der Gesteine:
Vom Vulkangestein zum Sediment 34

Fundstellen 36

Wo die Suche sich lohnt:
Was findest du wo? 38
Mineralien im Gestein 40
Hoch hinaus!
Mineraliensuche in den Alpen 42
Vom Hoffnungsbau zum Milliardengeschäft:
Die Suche nach Erzen 44
Mit der Grubenbahn in den Stollen:
Ein Besuch im Bergwerk 46

Deine eigene Sammlung 48

Die richtige Ausrüstung:
Werkzeug und Schutzkleidung 50
Auf Sammeltour nach Mineralien:
Gut geplant ist halb gefunden 52
Gesteine sammeln:
Fundstücke, wohin du schaust! 54
Der Aufbau einer Sammlung:
Auswahl und Aufbewahrung 56
Das Hobby zum Beruf machen:
Die Arbeit der Geowissenschaftler 58
Als Hobbygeowissenschaftler unterwegs:
Entdeckertipps für Deutschland, Österreich und die Schweiz 60

Glossar und Tipps 62
Register 63

Wasser schleift große Gesteinsbrocken zu kleinen Kieselsteinen. Hier: gefalteter Gneis

Woraus unsere Erde besteht

Mineralien und Gesteine: Aus ihnen besteht der Planet Erde, auf dem wir leben. Ohne sie würden wir Menschen überhaupt nicht existieren. Trotzdem nehmen wir sie meist gar nicht wahr. Wenn du durch die Landschaft wanderst, selbst wenn du in den Bergen kletterst, schaust du dir vielleicht interessante Pflanzen an, beobachtest Tiere, erfreust dich an der tollen Fernsicht ... Aber denkst du auch an das, was sich unter deinen Füßen befindet, was dir Halt gibt bei jedem Schritt?

Dabei sind Mineralien und Gesteine wunderschön – du musst nur genau hinschauen: Da glitzern die Glimmerplättchen im Granit, da entdeckst du bunte Mineralien in kleinen Hohlräumen, und wenn du großes Glück hast, tut sich nach dem ersten Hammerschlag eine kristallbesetzte Druse auf.

Viele Mineralien sind nicht nur schön anzusehen, sondern auch wertvoll. Aus manchen Kristallen (so nennt man regelmäßig gewachsene Mineralien) wie z. B. Rubin, Saphir oder Diamant werden wunderbare Edelsteine geschliffen, andere Mineralien enthalten für uns Menschen wichtige Metalle. Was wäre unser Leben ohne Eisen, aus dem unsere Autos, Eisenbahnen und Flugzeuge gebaut sind, oder ohne Gold, das wir für schönen Schmuck, aber auch für die elektronischen Bauteile in unseren Computern und Handys brauchen? Selbst ganz gewöhnliche Gesteine wie Sand oder Kies sind für uns unverzichtbar: Ohne sie gäbe es keinen Beton, keine Häuser und keine Autobahnen.

Unsere Erde ist voll von diesen wertvollen Schätzen, von funkelnden und glänzenden Mineralien, Kristallen und Erzen und den verschiedenartigsten Gesteinen. Dieses Buch ist ein Wegweiser in diese Wunderwelt. Es zeigt dir, wie Mineralien und Gesteine entstehen und warum sie für uns Menschen so nützlich sind. Und du erfährst, wie du sie selbst finden und bestimmen und dir eine eigene tolle Sammlung aufbauen kannst.

Mineralien, Gesteine und Erze

Das Mineral Pyrit bildet schöne golden glänzende Kristalle.

Gesteinsmassen Gesteine treten im Gegensatz zu Mineralien und Kristallen immer in großen Mengen auf. Sie bilden Felsen, ja sogar ganze Berge und Gebirgszüge. Deutschlands höchster Berg, die Zugspitze, besteht z. B. ganz aus Kalkstein, einem im Meer abgelagerten Sedimentgestein. Der Montblanc in Frankreich, der höchste Berg der Alpen, besteht dagegen hauptsächlich aus Granit, einem magmatischen Gestein.

Willst du bei dir zu Hause Gesteine erforschen? Betrachte eine Küchenplatte aus Granit mit dem Vergrößerungsglas: Du wirst Feldspat, Quarz und Glimmer unterscheiden können.

Wie du sie unterscheiden kannst

Die drei Begriffe »Mineral«, »Gestein« und »Erz« kennst du bestimmt. Aber was ist eigentlich was? Was unterscheidet sie voneinander, was haben sie gemein?

Mineralien Als Erstes wollen wir uns dem Mineral zuwenden. Mineralien (oder auch Minerale) sind feste Stoffe, sie sind natürlich entstanden, also ohne menschliches Zutun, und sie haben eine ganz bestimmte chemische Zusammensetzung, die bis in die kleinsten Bauteile immer gleich bleibt. Würdest du ein beliebiges Mineral mit dem Hammer zerkleinern und die kleinsten Bruchstücke betrachten, so würdest du sehen, dass diese aus den gleichen Elementen zusammengesetzt sind wie das große Mineral vor der Zerkleinerung. Mineralien besitzen also eine gleichmäßige und einheitliche Zusammensetzung.

Gesteine bestehen aus vielen kleinen Mineralbausteinen, ein Granit z. B. aus Feldspat, Quarz und Glimmer. Zerschlägt man den Granit in kleine Einzelstücke, bekommt man weißen Feldspat, gräulichen Quarz und viele glitzernde schwarze und silbrig glänzende Glimmerblättchen.

Die Mineralbestandteile können unterschiedlich groß sein. So haben vulkanische Gesteine meist viele kleinere Mineralteilchen und nur wenige große. Bei Ganggesteinen oder metamorphen Gesteinen kann das wieder ganz anders sein. Der Kalkstein bildet eine Ausnahme. Er besteht im Unterschied zu den meisten anderen Gesteinen aus nur einem Mineral, nämlich dem Kalkspat (oder »Calcit«). Man nennt ihn deswegen auch monomineralisches Gestein, was so viel heißt wie »Gestein mit nur einer Mineralsorte«. Mehr zu den verschiedenen Gesteinsarten erfährst du in Kapitel 2.

> Feldspat, Quarz und Glimmer, die drei vergess' ich nimmer.
> **Merksatz zum Granit**

Erze können Mineralgemenge oder Gesteine sein, in denen so viele Edelmetalle wie z. B. Gold oder Silber enthalten sind, dass es sich lohnt, sie abzubauen. Da Gold sehr wertvoll ist, reicht es schon, wenn wenige Gramm pro Tonne (das sind 1000 Kilogramm) im Gestein auftreten. Man sagt dann auch, das Erz sei »abbauwürdig«.

Eisenerz ist viel weniger wertvoll, daher muss in einem Gestein deutlich mehr Eisen pro Tonne auftreten, damit es für abbauwürdig gehalten wird. Gute Eisenerze müssen über 60 Prozent Eisen enthalten, das entspricht 600 Kilogramm Eisen in einer Tonne Erz.

Die Abbauwürdigkeit hängt auch davon ab, wie aufwendig (und damit wie teuer) es ist, das Erz abzubauen oder zu »fördern«, wie man den Vorgang auch nennt. Liegt es nahe an der Oberfläche und kann im Tagebau (siehe S. 44/45) gefördert werden, genügen schon geringe Mengen an Metall, damit sich der Abbau lohnt. Liegt das Erz weit unter der Erdoberfläche und muss in tiefen Schächten und langen Stollen gefördert werden, lohnt sich der Abbau erst bei viel höheren Mengen.

Das Silicium für diesen Microchip wird aus Quarzsand gewonnen.

Es gibt in der Natur ganz viele unterschiedliche Typen von Lagerstätten und somit auch viele unterschiedliche Erze. Die Erze von Metallen wie Blei, Antimon, Zink oder Eisen erkennt man leicht, weil sie metallisch aussehen und viel schwerer als andere Mineralien sind. Heute verwendet man in der Industrie aber auch viele andere Elemente (siehe S. 12), deren Erze nicht so auffallen. Für die Herstellung von Silicium, das wir für die Microchips in jedem Computer brauchen, dient z. B. einfacher Quarzsand als Erz.

Im Alten Ägypten wurde schon vor über 5000 Jahren Gold gewonnen. Die Karte zeigt Goldminen im Sinaigebirge.

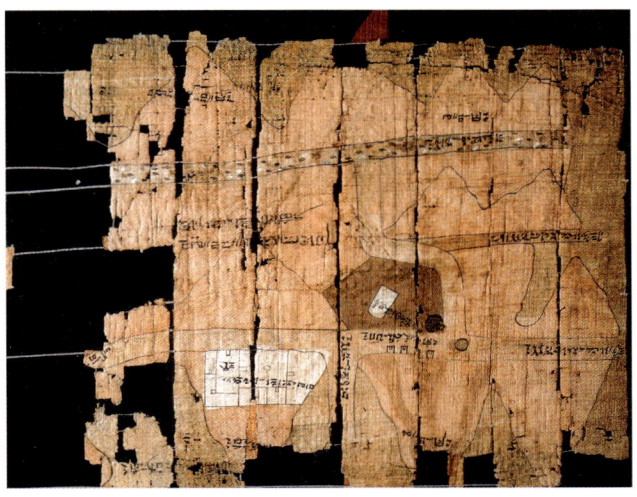

Platin Das wertvolle Metall Platin muss in Mengen von 5–10 Gramm pro Tonne enthalten sein, wenn man es in einem tiefen Bergwerk gewinnbringend abbauen will. Findet man es an der Oberfläche, z. B. in Ablagerungen von Flüssen, können schon 0,2 Gramm pro Tonne Sand und Kies genügen, um Gewinn zu machen.

Bergarbeiter in der Rustenburg Platinum Mine in Südafrika, einer der reichsten Platingruben der Welt

Erzmineralien Ein Mineral kann auch ein Erz sein. So ist Magnetit mit 72 Prozent Eisenanteil ein wertvolles Eisenerz. Um als Erzmineral bezeichnet zu werden, muss ein Mineral genügend Metall enthalten, um es gewinnbringend abbauen zu können. Was der Bergmann als Erz bezeichnet, ist immer ein Gemenge, das aus wertvollen Erzmineralien und nicht wertvollen Mineralien, den Gangartmineralien, besteht. Diese heißen so, weil die Bergleute früher immer Gänge abbauten, die mit Erzmineralien und anderen Arten von Mineralien, also den Gangarten, gefüllt waren.

Kristalle des Eisenerzes Magnetit

So sehen Mineralien aus

Besonders schöne Mineralien und Kristalle kannst du in Museen bewundern, wie hier im historischen Schausaal des Naturhistorischen Museums in Wien.

Drusen In vulkanischen Gesteinen sind die Drusenfüllungen, also die Kristalle, oft härter als das umgebende Gestein. Bei der Verwitterung des Gesteins oder durch mühsame Arbeit von Fachleuten können die Füllungen herausgelöst werden. Diese kugelförmigen Drusen nennt man auch Geoden. An ihrer kugeligen Form kann sie auch der Laie sofort erkennen. Sie werden im geschlossenen Zustand verkauft und dann geöffnet. Sie sind also wie eine Wundertüte, bei der man auch erst weiß, was man bekommt, wenn man hineingesehen hat. Geoden können Amethyst, Rauchquarz, Bergkristalle, Calcit-Kristalle, manchmal aber auch gar nichts Schönes enthalten.

Gut ausgebildete Aquamarin-Kristalle mit glatten, ebenen Kristallflächen auf Muttergestein

Wunderbare Vielfalt

Ein Mineral kann in ganz unterschiedlichen Formen auftreten. Frei in Hohlräumen gewachsen zeigt es glatte Flächen und deutlich ausgeprägte Ecken und Kanten: Es bildet Kristalle. Jede Mineralart hat eine charakteristische Kristallform. So bildet der Granat fast immer sogenannte Rhombendodekaeder, der Beryll immer sechsseitige Säulen, auch Prismen genannt. Der regelmäßige innere Aufbau aus Molekülen und Atomen, man nennt das die Kristallstruktur (siehe S. 10/11), legt fest, welche äußere Form ein Kristall hat. Da in der Kristallstruktur des Granats kein Prisma vorgesehen ist, können Granate auch in ihrer äußeren Form nie ein Prisma bilden. An der äußeren Form der Kristalle kann man also das Mineral erkennen.

Formen des Wachstums Hohlräume, in denen Kristalle frei wachsen können, werden Drusen genannt. Besonders schön sind Drusen aus vulkanischen Gesteinen, die mit Kristallen von Amethyst ausgekleidet oder mit Achat gefüllt sind.

Solche Hohlräume sind allerdings selten. Meistens bildet ein Mineral unregelmäßige Brocken, die keine schönen Flächen und Formen zeigen. Man bezeichnet das Mineral dann als »derb«. Das gleiche Mineral kann in derber Form und in schönen Kristallen vorkommen.

Meist sind Kristalle auf dem Untergrund aufgewachsen, sodass sich nur ein Ende perfekt ausbilden konnte. Können beide Enden des Kristalls wachsen, was sehr selten ist, entsteht ein Doppelender (siehe S. 14). Verwachsen viele Kristalle miteinander, entsteht ein Mineralaggregat, in dem aber noch jeder Einzelkristall erkennbar ist. Mineralaggregate können ganz unterschiedlich geformt sein, z. B. wie Kugeln, Garben oder Bündel aus feinen Fasern. Erfolgt die Verwachsung regelmäßig, sodass immer wie-

Derber zerbrochener Aquamarin ohne gut ausgebildete Kristallflächen

Diese aztekische Maske aus Holz ist mit Türkis besetzt.

Rote Granat-Kristalle

Verwachsung von Edel- und Feueropal

Sandrose: in Gips eingeschlossene Sandkörner

der die gleichen Formen entstehen, nennt man das Aggregat »Zwilling«. Manche Mineralien wie etwa Gips oder Quarz bilden recht häufig Zwillinge, bei anderen tritt diese Erscheinungsform selten bis nie auf.

Smaragdgrün und Azurblau Ein weiteres Erkennungsmerkmal von Mineralien ist ihre Farbe. Grüner Malachit und blauer Azurit verdanken ihre Farbe dem Metall Kupfer, während der Smaragd durch geringe Mengen an Chrom grün gefärbt ist. Erzmineralien glänzen mehr oder weniger metallisch und sind golden, silbern, grau oder schwarz gefärbt.

Eine ganze Reihe von Erzmineralien ist golden gefärbt, obwohl sie gar kein Gold enthalten. Ein Beispiel ist der Kupferkies, eine Verbindung von Kupfer, Eisen und Schwefel.

Zwillinge sind bei Mineralien etwas ganz Besonderes. Deshalb haben sie auch spezielle Namen. Zwillinge des Minerals Gips ähneln dem gegabelten Schwanz einer Schwalbe und werden daher Schwalbenschwanz-Zwillinge genannt (oberes Bild). Bestimmte Zwillinge des Quarzes werden besonders häufig in Japan gefunden und heißen deshalb Japaner Zwillinge (unteres Bild). Der Karlsbader Zwilling, der aus Feldspat besteht, hat seinen Namen erhalten, weil er von dem berühmten Dichter Johann Wolfgang von Goethe (1749–1832) in der Nähe des Ortes Karlsbad im heutigen Tschechien gesammelt und erstmals beschrieben wurde.

Amethystdrusen können riesengroß werden. Die größte bisher gefundene Amethystdruse der Welt heißt Empress of Uruguay (»Kaiserin von Uruguay«) und ist über 3 Meter hoch.

Die Kristallformen der Mineralien

Das einzige flüssige Mineral Mineralien müssen fest sein. Flüssigkeiten, wie etwa Wasser, werden nicht als Mineral bezeichnet. Einzige Ausnahme ist das Quecksilber. Es ist zwar flüssig, sieht aber doch so sehr wie ein Metall aus, dass man es schon immer zu den Mineralien gezählt hat. Das hat man beibehalten, obwohl es der Definition eines Minerals, also den Eigenschaften, die es ausmachen, widerspricht.

Quecksilber fließt aus einer Pipette.

Hexagonale Prismen von Aquamarin auf schwarzem Turmalin, aus dem Erongogebirge in Namibia

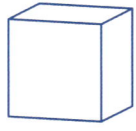

kubisch

tetragonal

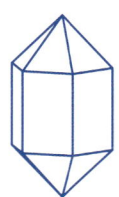

hexagonal

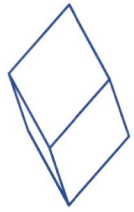

trigonal

orthorhombisch

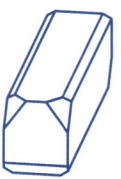

monoklin

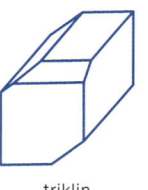

triklin

Die sieben Kristallsysteme

Flächen, Ecken, Kanten

Jedes Mineral hat eine charakteristische regelmäßige Anordnung der Moleküle und Atome (siehe S. 12/13), die Kristallstruktur. Selbst ein winziger Mineralbrocken enthält Milliarden und Abermilliarden von Atomen, die so klein sind, dass man sie nur mit den kompliziertesten Geräten überhaupt sichtbar machen kann.

Die innere Ordnung spiegelt sich in der äußeren Ordnung, der Form der Kristalle, wider. Es gibt einfache Formen, die du auch schon einmal gesehen hast, wie Würfel oder Oktaeder (das sind zwei Pyramiden, deren Grundflächen aufeinandergestellt sind), aber auch komplizierte Formen mit ganz vielen Flächen, die man meist nur von Abbildungen in Lehrbüchern kennt. Je kleiner die Kristalle, desto klarer ist ihre äußere Form meist ausgebildet. Große Kristalle sind meist nicht so perfekt, weil es während ihres jahrtausendelangen Wachstums viel mehr Gelegenheit zu Störungen gab, z. B. durch Erdbeben oder durch das Versiegen der Lösung (siehe S. 28/29), in der der Kristall wuchs.

Die Kristallsysteme Ein Mineral kann nicht einfach irgendeinen Kristall bilden, sondern nur ganz bestimmte, die seiner inneren Kristallstruktur entsprechen. Steinsalz, Pyrit oder Flussspat bilden z. B. schöne Würfel, die beiden letzten auch schöne Oktaeder, die es beim Steinsalz in der Natur aber nie gibt.

Kristalle werden in sieben Gruppen, die Kristallsysteme, eingeteilt. Dabei sind die Flächen und die Winkel, in denen die Flächen zueinander stehen, wichtig, denn sie machen die äußere Form aus. So bilden beim Beryll-Kristall, dem Aquamarin, sechs Flächen, die im Winkel von 120 Grad zueinander stehen, eine sechsseitige Säule. Er gehört damit in das hexagonale Kristallsystem (von griechisch *hexa* = sechs). In der Fachsprache nennt man seine Kristallform ein hexagonales Prisma.

Mit Ausschneidebögen geht das Basteln von Kristallformen ganz leicht.

Beim Würfel sind alle Kanten gleich lang und stehen senkrecht aufeinander und alle Flächen sind gleich groß. Er gehört ins kubische Kristallsystem (von lateinisch *cubus* = Würfel). In dieses System gehören aber auch kompliziertere Formen wie etwa der Rhombendodekaeder, der aus zwölf Rautenflächen besteht.

Habitus   Neben der Einordnung in eines der Kristallsysteme beschreibt man die Kristalle auch nach ihrer »allgemeinen Ausbildung« oder ihrem »Habitus«. So bezeichnet man Kristalle als nadelig, wenn sie ganz lang gestreckt und dünn wie eine Nadel sind. Kristalle, die flach wie ein Blatt Karton oder eine Tafel Schokolade ausgebildet sind, werden als tafelig bezeichnet. Manchmal beschreibt man das noch etwas genauer als dünn- oder dicktafelig. Kristalle, die zwar lang gestreckt, aber nicht so dünn wie eine Nadel sind, nennt man prismatisch. Isometrische Kristalle sind gleich lang, hoch und breit. Sie wachsen also in alle drei Richtungen des Raums auf dieselbe Weise. Der Würfel ist so ein isometrischer Kristall.

Feinnadeliger Okenitball aus einem Basaltsteinbruch in Indien

Ein schöner roter Rhombendodekaeder des Kupferminerals Cuprit

Tafeliger Wulfenit aus Mexiko

Kristallmodelle   Die Formen von Kristallen kannst du am besten verstehen, wenn du dir Kristallmodelle aus Karton bastelst. Beim Würfel ist das noch recht einfach, aber auch für andere Kristalle kannst du dir vorgefertigte Bastelbögen im Fachhandel kaufen oder im Internet herunterladen. Gib z. B. »Prisma basteln« in eine Suchmaschine ein, dann wirst du schnell fündig.

Mit diesem Bastelbogen für einen Würfel kannst du gleich loslegen: Kopiere ihn auf ein etwas festeres Papier, dabei kannst du ihn auch vergrößern. Dann schneide die ganze Form aus. Die Klebelaschen nicht wegschneiden! Als Nächstes an allen Linien falten, die Klebelaschen umbiegen und mit Kleber bestreichen. Dann zusammenfalten und warten, bis der Kleber trocken ist – fertig ist der Würfel, dein erstes Kristallmodell!

Klebelasche

Das Innere der Mineralien

Diese überdimensionale Kristallstruktur ist sogar begehbar. Sie gehört zur Ausstellung »terra mineralia« im Schloss Freudenstein in Freiberg.

Die chemischen Elemente Alle Stoffe, Mineralien, Pflanzen und Tiere und auch du bestehen aus Atomen unterschiedlicher Sorten. Diese Sorten werden als Elemente bezeichnet und besitzen einen Namen, wie z. B. Eisen, Kupfer, Silber oder Uran, aber auch so seltene wie Neodym oder Hafnium. Die Namen wurden ihnen von ihren Entdeckern gegeben. Damit man nicht immer die ganzen Namen schreiben muss, verwendet man meist Abkürzungen, z. B. Fe (von lat. *ferrum*) für Eisen, Cu für Kupfer oder Nd für Neodym. Da alles auf unserer Erde aus Atomen – und damit aus Elementen – besteht, werden diese Abkürzungen überall, in der Geologie, Chemie, Biologie und Physik und auch in der Technik, verwendet.

Atome, Moleküle und Ionen

Aus Mineralien und Gesteinen besteht unsere Erde, so viel hast du zu Beginn dieses Buches schon erfahren. Aber was hält eigentlich die Mineralien zusammen? Du hast bereits gelernt, dass Mineralien eine ganz bestimmte chemische Zusammensetzung haben, die bis in die kleinsten Einheiten immer gleich ist.

Winzige Bausteine Stell dir vor, du könntest ein Mineral so stark vergrößern, dass du die einzelnen Bausteine mit bloßem Auge sehen könntest. Dann könntest du seine Atome erkennen, die Grundbausteine aller Stoffe, die es gibt. Auch du selbst bestehst daraus!

Die Atome sind verantwortlich für den einheitlichen Aufbau der Mineralien und die perfekte Form der Kristalle, denn sie sind in alle Richtungen regelmäßig angeordnet. Sie sind wie Legosteine, die zusammengesetzt eine neue Form entstehen lassen: ein Haus, einen Turm, einen Würfel oder eine Pyramide. Die Atome bestimmen also die Zusammensetzung, die Form und die Größe der Mineralien. Atome sind dabei so winzig, dass du sie mit dem bloßen Auge nicht erkennen kannst, ja selbst mit den besten Lichtmikroskopen sind sie nicht zu sehen.

Es gibt Mineralien, die aus nur einer Sorte von Atomen aufgebaut sind, z. B. das Mineral Graphit, das du als Bleistift kennst, oder auch der Edelstein Diamant. Beide bestehen aus Millionen und Abermillionen von Atomen

des chemischen Elements Kohlenstoff, die ganz regelmäßig angeordnet sind. Diese gleichmäßige Anordnung von Atomen wird als Atomgitter bezeichnet. Es gibt auch Mineralien, deren Atomgitter aus unterschiedlichen Atomen bestehen, z. B. das Mineral Pyrit, das aus Eisen- und Schwefel-Atomen aufgebaut ist.

Zusammenhalt   In der Natur gibt es viele verschiedene Atome unterschiedlicher Größe. Du kannst sie dir vereinfacht als kleine Kügelchen vorstellen. Finden sich mehrere Atome zusammen, erhält man ein sogenanntes Molekül. Das Wort kommt aus dem Lateinischen und heißt so viel wie »kleine Masse«. Wasser besteht z. B. aus ganz einfach aufgebauten Molekülen: aus zwei Atomen Wasserstoff (mit der chemischen Bezeichnung H) und einem Atom Sauerstoff (mit der chemischen Bezeichnung O). Deswegen hat Wasser die chemische Formel H_2O.

Wassermolekül

Warum aber halten die Atome und Moleküle zusammen und fliegen nicht einzeln in der Luft herum? Das lässt sich anhand von ganz normalem Salz erklären: Steinsalz besteht aus den chemischen Elementen Natrium (Na) und Chlor (Cl). Diese beiden Atome sind im Molekül elektrisch geladen und werden deshalb Ionen genannt. Das Natrium-Ion ist elektrisch positiv geladen, das von Chlor negativ. Positive und negative Ladungen ziehen sich an wie zwei Magneten, wenn du sie richtig hältst. So ist es auch im Salz-Kristall. Natrium und Chlor ziehen sich an und bilden deswegen ein regelmäßig angeordnetes Kristallgitter, das fest zusammenhält.

Ein Atom – zwei Kristallgitter   Obwohl Diamant und Graphit beide ausschließlich aus Kohlenstoff (C) bestehen, sind ihre Eigenschaften extrem unterschiedlich. Diamant ist die härteste Substanz überhaupt, Graphit dagegen ist so weich, dass er sogar als Schmiermittel verwendet wird. Das liegt an der unterschiedlichen Anordnung der Atome in ihrer Kristallstruktur. Bei Diamant sind die Atome sehr nahe beisammen und deshalb schwer zu trennen: Der Stoff ist hart. Bei Graphit sind die einzelnen Atomschichten weiter voneinander entfernt und deshalb leicht zu trennen: Der Stoff ist weich.

Bleistiftminen werden aus Graphit hergestellt.

Die Qualität eines Diamanten wird beim Betrachten mit der Lupe beurteilt.

Steinsalz   besteht aus Natrium- und Chlor-Ionen, die abwechselnd und regelmäßig angeordnet sind. Das Kristallgitter ähnelt einem Würfel. Das ist der Grund, warum das Steinsalz immer Würfelkristalle bildet. Denn: Die äußere Form eines Kristalls ist immer ein Abbild der inneren Ordnung, der Kristallstruktur.

Oben: *Steinsalz-Kristalle aus einem Salzsee in Kalifornien*
Unten: *Kochsalz-Kristalle unter dem Mikroskop*

So kann man sich den Aufbau eines Steinsalz-Kristalls vorstellen. Die Natrium-Ionen (grün) und die Chlor-Ionen (weiß) sind sehr regelmäßig angeordnet.

Eigenschaften von Mineralien

Glanz   Neben der Farbe, der Härte und der Strichfarbe kannst du noch viele weitere Eigenschaften heranziehen, um ein Mineral ganz genau zu charakterisieren. Der Glanz beschreibt z. B., wie das Mineral im Sonnenlicht glänzt. Er wird durch Vergleiche beschrieben: Glänzt ein Mineral wie Glas, so besitzt es Glasglanz, glänzt es wie poliertes Metall, dann hat es Metallglanz, ähnelt der Glanz dem des geschliffenen Diamanten, dann hat das Mineral Diamantglanz. Die meisten Bezeichnungen sind so selbsterklärend wie diese.

Bleiglanz glänzt metallisch.

Riesiger Bergkristall aus einer Kluft am Planggenstock in der Schweiz

So bestimmst du die Härte   Um Mineralien nach ihrer Härte zu bestimmen, ist ein Mineralkästchen, das als Härteskala bezeichnet wird, am besten geeignet. Darin sind die Mineralien von Härte 1 bis 10 geordnet. Um ein unbekanntes Mineral zu bestimmen, musst du versuchen, es mit den Mineralien aus der Härteskala zu zerkratzen. Du nimmst als Erstes ein Mineral mittlerer Härte, z. B. Apatit (Härte 5), und untersuchst, ob das zu bestimmende Mineral damit geritzt werden kann. Ist das der Fall, machst du mit dem nächstweicheren Prüfmineral weiter, bis du zu einem kommst, mit dem du das unbekannte Mineral nicht mehr ritzen kannst. Wichtig: immer die Gegenprobe machen! Denn erst, wenn du umgekehrt mit dem zu bestimmenden Mineral das Prüfmineral auch nicht ritzen kannst, kannst du dir sicher sein, dass beide die gleiche Härte haben. Dann hast du dein Ergebnis.
Wenn du das zu bestimmende Mineral im ersten Schritt mit dem Apatit nicht ritzen kannst, dann versuchst du es mit dem nächsthärteren Prüfmineral.

Mineralien selbst bestimmen

Jedes Mineral hat typische Merkmale, an denen man es erkennen kann, egal, woher es stammt. Solche Wiedererkennungsmerkmale werden auch als Mineraleigenschaften bezeichnet. Dabei handelt es sich zum größten Teil um Eigenschaften, die auch du mit dem bloßen Auge und einfachen Hilfsmitteln erkennen kannst. Hierzu zählen z. B. die Mineralfarbe, die Härte und der Strich. Anhand dieser Eigenschaften kannst du ein Mineral selbst bestimmen.

Mineralfarbe   Es gibt viele Mineralien, die nur in einer einzigen charakteristischen Farbe vorkommen. So ist Malachit immer dunkelgrün, Azurit dunkelblau und Pyrit goldgelb. Es gibt aber auch Mineralien, die in vielen unterschiedlichen Farben auftreten können. Quarz kann z. B. lila sein, dann heißt er Amethyst, oder auch gelb (Citrin), rosa (Rosenquarz) oder braun bis schwarz (Rauchquarz).

Oben: Doppelendiger Rauchquarz-Kristall
Unten: Vanadinit-Kristalle aus Marokko

Ähnlich ist es beim Diamanten. Auch er ist nicht immer durchsichtig, sondern es gibt auch pink, gelb, grün oder blau gefärbte Diamanten. Außerdem gibt es natürlich nicht nur ein einziges dunkelblaues Mineral, wie den Azurit, auch Lapislazuli kann blau sein.

Die Farbe allein reicht also zur eindeutigen Bestimmung eines Minerals nicht aus. Du musst verschiedene Eigenschaften eines Minerals gemeinsam betrachten, um es eindeutig zu bestimmen.

Härte Mineralien werden nach ihrer jeweiligen Härte in eine Skala von 1 bis 10 eingeteilt. Diese Einteilung wird auch als Mohssche Härteskala bezeichnet. Sie ist benannt nach dem Mineralogen Friedrich Mohs (1773–1839), der die Mineralien vor ca. 200 Jahren ihrer Härte nach geordnet hat.

Talk ist demnach das weichste Mineral, das wir kennen. Er ist mit dem Fingernagel ritzbar und fühlt sich an wie Seife. Talk hat daher die Mohs-Härte 1. Diamant hingegen ist das härteste Mineral, deswegen hat er die Härte 10. Alle anderen Mineralien liegen zwischen Talk und Diamant. Quarz ist z. B. deutlich härter als Talk, aber weicher als Diamant. Er hat die Härte 7.

Die Strichfarbe oder auch einfach Strich ist ein weiteres Merkmal zur Bestimmung von Mineralien. Als Hilfsmittel verwendest du am besten ein weißes Porzellantäfelchen, die Strichtafel. Reibe das Mineral über die Tafel und schau, ob es einen farbigen Strich hinterlässt. Graphit hat z. B. einen grauen Mineralabrieb, denn Graphit ist nichts anderes als das Material der Bleistiftmine. Der Strich hat aber nicht immer etwas mit der äußeren Farbe des Minerals zu tun. Hämatit ist z. B. silbrig glänzend, hat aber eine rote Strichfarbe. Rauchquarz, Citrin und Bergkristall, die zur Familie der Quarze gehören, haben alle eine weiße Strichfarbe, obwohl die Mineralien unterschiedlich gefärbt sind.

Spaltbarkeit Von Spaltbarkeit spricht man, wenn ein Mineral nicht unregelmäßig bricht, sondern in viele immer gleiche Teilchen gespalten werden kann. Glimmer kann man z. B. in immer dünnere Blättchen spalten, die fast durchsichtig sind.

Die Mohssche Härteskala		
Härte	Typisches Mineral dieser Härte	Ritzbarkeit
1	Talk	Mit dem Fingernagel ritzbar
2	Gips	
3	Kalkspat	Mit dem Messer ritzbar
4	Fluorit	
5	Apatit	
6	Feldspat	Ritzen Glas
7	Quarz	
8	Topas	
9	Korund	
10	Diamant	

Die Bestimmung der Strichfarbe ist mit der Strichtafel ganz einfach.

Gold, Silber, Platin & Co.

Die Metalle

Viele Mineralien enthalten Elemente, die für uns Menschen wichtig sind. Dabei sind es schon lange nicht mehr nur die Edelmetalle wie Platin, Gold, Silber und Kupfer oder die anderen Metalle wie Eisen, Blei und Zink. Heute sind in der Industrie viele andere Elemente genauso wichtig, wie z. B. das Silicium, ohne das unsere Computer nicht funktionieren würden, oder das Gallium, ohne das es keine LED-Lampen gäbe.

Kupfer gewinnt man vor allem aus Kupferkies, der auf den ersten Blick fast wie Gold oder Pyrit (Katzengold) aussieht. Deshalb heißt Kupferkies mit wissenschaftlichem Namen auch Chalkopyrit, übersetzt Kupferpyrit, denn das griechische Wort *chalkos* bedeutet »Kupfer«. Trotzdem kannst du Pyrit und Kupferkies ganz einfach unterscheiden. Kupferkies ist viel weicher, er lässt sich mit einer Metallnadel leicht ritzen, Pyrit dagegen nicht.

Silber ist Bestandteil vieler Silbermineralien, z. B. des rotmetallischfarbenen Pyrargyrits. Das meiste Silber wird heute aber aus einem Erzmineral gewonnen, das gar kein Silber in seinem Kristallgitter enthält. Es ist das Mineral Bleiglanz, das nur aus Blei- und Schwefel-Atomen besteht. Dass der Bleiglanz trotzdem ein Silbererz sein kann, liegt daran, dass in ihm häufig mikroskopisch

Was Sauerstoff bewirkt Die meisten Erzmineralien sind an der Erdoberfläche nicht beständig. Haben sie über Jahrtausende oder gar Jahrmillionen Kontakt mit dem Sauerstoff in der Luft, dann nehmen sie ihn auf – man sagt, sie oxidieren – und wandeln sich in andere Mineralien um. Diese Oxidationsmineralien sind oft sehr bunt, sodass sie besonders gern gesammelt werden.

Das Oxid des Kupfers, Cuprit, ist rubinrot, andere Mineralien des Kupfers sind grün (Malachit) und blau (Azurit).

Die Begrifflichkeiten leiten sich übrigens vom wissenschaftlichen Namen des Sauerstoffs, Oxygenium, her.

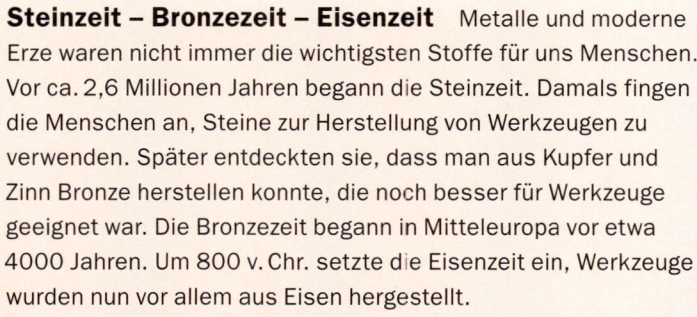

Im Sockel des Fußball-WM-Pokals sind zwei Kränze von Malachit-Halbedelsteinen angelegt.

Steinzeit – Bronzezeit – Eisenzeit Metalle und moderne Erze waren nicht immer die wichtigsten Stoffe für uns Menschen. Vor ca. 2,6 Millionen Jahren begann die Steinzeit. Damals fingen die Menschen an, Steine zur Herstellung von Werkzeugen zu verwenden. Später entdeckten sie, dass man aus Kupfer und Zinn Bronze herstellen konnte, die noch besser für Werkzeuge geeignet war. Die Bronzezeit begann in Mitteleuropa vor etwa 4000 Jahren. Um 800 v. Chr. setzte die Eisenzeit ein, Werkzeuge wurden nun vor allem aus Eisen hergestellt.

An den riesigen Mengen an Eisen und Stahl, die wir heute verwenden (z. B. in Autos, Schiffen und unzähligen Alltagsgegenständen), kannst du erkennen, dass wir auch heute noch in der Eisenzeit leben.

kleine Kristalle von Silbermineralien eingewachsen sind. Man kann sie mit bloßem Auge nicht sehen, aber durch sie wird aus einfachem Bleierz wertvolles Silbererz.

Das Edelmetall Silber kommt in der Natur nicht nur in Verbindungen, sondern auch als reines Metall vor. Dabei zeigt es ganz charakteristische Formen: Drähte, Locken, Ausbildungen, die wie Wollknäuel aussehen, und Bleche. Solch ein Metall, das als reines Element in der Natur vorkommt, nennt man »gediegen«. Je edler ein Metall ist, desto häufiger kommt es gediegen vor. Während gediegenes Eisen, das sehr unedel und deshalb auch kein Edelmetall ist, nur selten vorkommt, ist gediegenes Kupfer schon häufiger.

Gold und Platin kommen hauptsächlich in gediegener Form vor. Allerdings sind Kristalle von Gold oder Platinnuggets sehr selten und man kann sie nur in Museen bewundern. Die Erze enthalten ganz wenig (meist weit unter einem Prozent) des Metalls. Wegen des hohen Wertes von Platin und Gold baut man sie aber trotzdem ab. Gold wird heute nicht nur für Schmuck oder Münzen verwendet, ein weitaus höherer Teil wird in den verschiedensten elektronischen Geräten verarbeitet. In einem 200 Gramm schweren Handy befindet sich mehr Gold als in einem 200 Gramm schweren Brocken Golderz!

Platin ist heute noch wertvoller als Gold. Es wird hauptsächlich in der Industrie verwendet. Jeder Autokatalysator enthält fein verteilt etwa 5 Gramm Platin.

Gediegenes Kupfer

Gediegenes Silber

Gediegenes Gold

Weil in der modernen Technik sehr viele Kristalle und Keramik verwendet werden, sagen manche Wissenschaftler, dass wir heute in der neuen Steinzeit leben.

Moderne Erze Während man früher hauptsächlich Metalle wie Gold oder Eisen aus Erzen gewann, die sich durch metallisches Aussehen und hohes Gewicht auszeichneten, sind heute auch andere Elemente sehr wichtig für uns.

Silicium, das wir für Mikrochips oder Glasfaserkabel brauchen, wird aus Quarzsand gewonnen. Lithium, das u. a. in den Akkus unserer Laptops steckt, findet man in den Salzkrusten von Salzseen, z. B. in der Atacamawüste in Chile. Ohne Neodym könnte kein Windrad Strom erzeugen. Man findet dieses Element im Monazit, einem unscheinbaren hellbraunen Mineral.

Lithium wird aus den Salzseen der Atacamawüste in Chile gewonnen.

Der Vulkan Ätna auf Sizilien schleudert bei seinen Ausbrüchen Lavafontänen in die Luft.

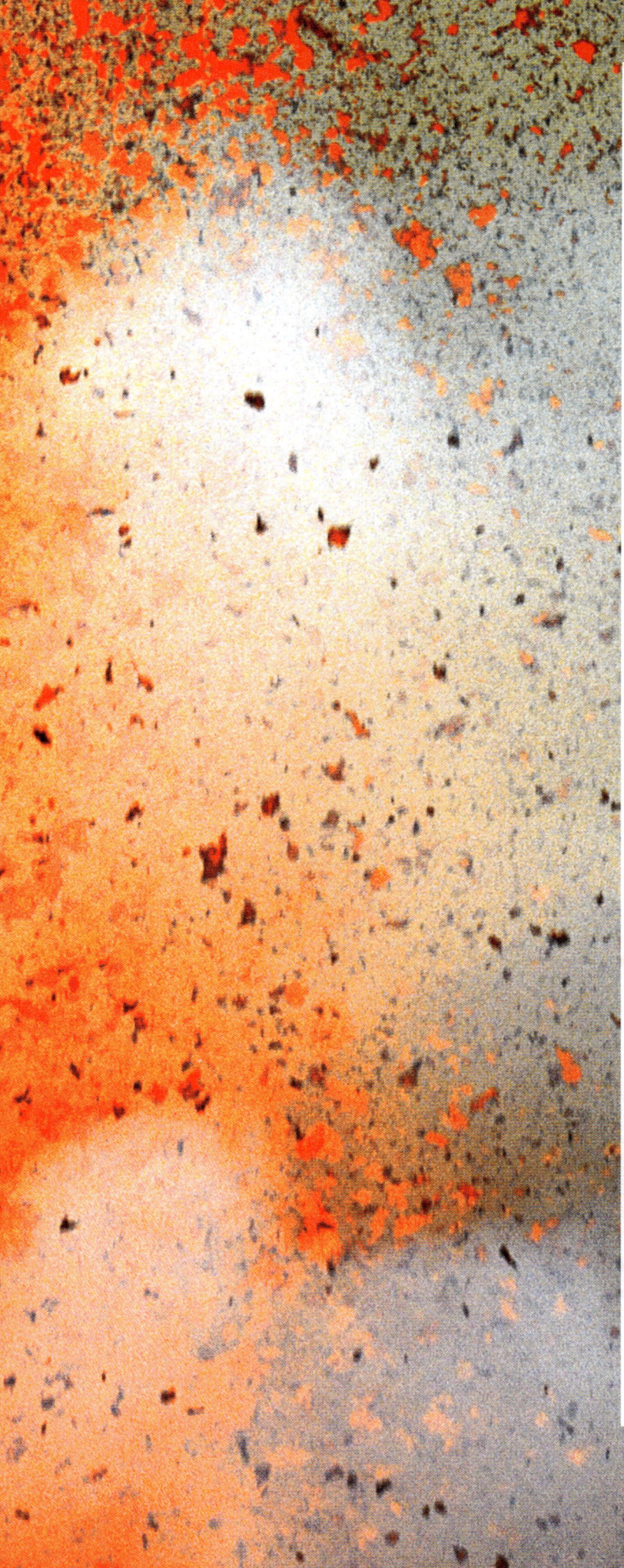

Die Welt der Gesteine

Überall in der Natur und in unseren Lebensräumen kommen Gesteine vor. Wir laufen auf ihnen herum, bauen aus ihnen unsere Straßen und Häuser, klettern auf sie hinauf und fallen – Gott sei Dank selten! – auch von ihnen herunter. Unser ganzer Planet Erde besteht aus Gesteinen, genauso wie der Mars, der Merkur, die Venus und unzählige andere Planeten im Weltall.

Gesteine sind einem ständigen Wandel unterlegen: Sie verwittern, zerfallen, zerspringen … und entstehen wieder neu, fügen sich zu neuen gewaltigen Gesteinsmassen zusammen. Dieser faszinierende Kreislauf ist es, der die riesige Vielfalt an Mineralien und Gesteinen hervorbringt. Er ist verantwortlich für die Existenz der wertvollsten Edelsteine und er sorgt dafür, dass wir auf der Erde überhaupt leben können.

Im Laufe der Jahrmillionen kann ein Gestein die verschiedensten Ausbildungen durchlaufen: Als flüssige Lava dringt es aus einem Vulkan oder einer Erdspalte hervor, kühlt ab und wird zum vulkanischen Gestein, das wiederum verwittert, und die Teilchen werden von Flüssen ins Meer transportiert. Aus ihnen entsteht ein Sedimentgestein, das tief in der Erde zum metamorphen Umwandlungsgestein wird. Noch weiter unten schmilzt das Gestein aufgrund der Hitze, die im Inneren der Erde herrscht. Beim Abkühlen wird es zum Tiefengestein, und wenn es erneut in flüssiger Form die Erdoberfläche erreicht – z. B. wieder durch einen Vulkan –, ist der Kreislauf geschlossen.

Manche Gesteine, die du von der Erde aufsammeln und in Händen halten kannst, haben diesen Kreislauf – ganz oder teilweise – bereits mehrmals durchlaufen. In diesem Kapitel erfährst du alles über die Vielfalt der Gesteine und ihre Entstehung, wo du sie findest und was du mit ihnen – außer Sammeln – noch alles machen kannst.

Eigenschaften von Gesteinen

Der Wave Rock von Hyden in Australien ist eine 15 Meter hohe Granitformation, die durch Verwitterung zu einer Welle geformt wurde.

Marmor ist nicht immer Marmor Ein metamorphes Gestein, das nur aus Kalkspat besteht, wird mineralogisch korrekt Marmor genannt. Im Natursteinhandel werden aber auch viele Sedimentgesteine als Marmor angeboten. Ein bekanntes Beispiel dafür ist der Treuchtlinger Marmor, der häufig für Fensterbretter und als Fußbodenbelag verwendet wird. Er ist leicht daran erkennbar, dass er Versteinerungen enthält, die in einem metamorphen Gestein nicht vorkommen können. Echter Marmor ist z. B. der Carrara-Marmor oder der Laaser Marmor aus Südtirol, der sogar beim Bau des Weißen Hauses in Washington verwendet wurde. Echter Marmor ist viel seltener und wertvoller als Kalkstein. Die einzelnen Calcit-Kristalle, aus denen er aufgebaut ist, glitzern im Licht und verleihen ihm ein leuchtendes Aussehen.

Der berühmte Marmor von Carrara wird mit Stahlseilen aus dem Berg geschnitten.

Unter Druck

Du hast bereits gelernt, dass Gesteine aus Mineralien aufgebaut sind. Es kann dabei sein, dass ein Gestein nur aus einer einzigen Mineralsorte gebildet wird, so ist es z. B. beim Kalkstein, der nur aus Kalkspat besteht.

Granit oder Schiefer bestehen aus mehreren Mineralien mit oft ganz unterschiedlichen Farben. Die Mineralien können ungeordnet im Gestein verwachsen sein, wie z. B. im Granit. Man sagt dann: Sie sind regellos verteilt.

Schichten und Falten In manchen Gesteinen wie Schiefer oder Gneis sind jedoch alle Mineralien geordnet und in Schichten ausgerichtet. Das verdanken sie dem Druck, der das Gestein aus einer bestimmten Richtung zusammengepresst hat. Durch Gesteinsumwandlung (Fachbegriff: Metamorphose) kann aus einem Granit ein Gneis werden. Die Mineralien Feldspat, Quarz und Glimmer sind noch vorhanden, aber sie haben sich in hellen und dunklen Lagen im Gestein angeordnet. Der Gneis sieht daher manchmal aus wie ein Zebra. Man kann ihn zu Platten spalten, mit denen Wege oder Terrassen gepflastert werden.

Metamorphe, also umgewandelte Gesteine (siehe S. 26/27) können auch durch Druckeinwirkung von der Seite gefaltet sein. Gesteinsbrocken, an denen man diese Falten sieht, sind besonders schöne Sammlungsstücke. Oft sind diese Falten aber meter- oder sogar kilometergroß. Dann kann man sie nur in der Natur bewundern, aber nicht mit nach Hause nehmen.

Auch Sedimentgesteine (siehe S. 28/29) sind oft geschichtet und können zu Platten gespalten werden. Sie

Speckstein, der hauptsächlich aus Talk besteht, ist so weich, dass du mit Raspel und Schleifpapier ganz einfach Tiere oder andere Figuren daraus formen kannst.

können Versteinerungen, also Überreste von Lebewesen, enthalten. Meistens sind diese schon lange ausgestorben. Ein besonders schönes Beispiel dafür ist der Solnhofener Plattenkalk in Bayern, der Überreste von Krebsen, Fischen, Flugsauriern und sogar des berühmten Urvogels Archäopteryx (siehe S. 32) konserviert hat.

Härte und Dichte   Je nachdem, aus welchen Mineralien sie aufgebaut sind, können Gesteine ganz unterschiedliche Härten haben. Ein Gestein, das aus viel Talk besteht, ist z. B. sehr weich. Man kann es ganz leicht bearbeiten und daraus Figuren schnitzen. Auch sehr feinkörniger Marmor, der entsteht, wenn Kalkstein umgewandelt wird, lässt sich gut verarbeiten und wurde deswegen schon im Alten Rom zur Herstellung von Skulpturen genutzt.

Die verschiedenen Gesteine haben zudem unterschiedliche Dichten. Als Dichte wird das Gewicht bezeichnet, das ein Würfel mit einem Zentimeter Kantenlänge (= ein Kubikzentimeter) eines bestimmten Stoffes besitzt. Marmor hat z. B. eine Dichte von etwa 2,7 Gramm pro Kubikzentimeter. Gesteine, die ganz tief aus dem Inneren der Erde kommen, sogenannte Erdmantelgesteine, sind viel schwerer und kompakter als Sandsteine oder Kalksteine, weil sie aus Mineralien mit höherer Dichte bestehen und durch den hohen Druck in der Tiefe fester zusammengepresst sind.

Wertvolle Baustoffe   Gesteine werden für Pflaster- und Bordsteine, Gehwegplatten oder Verkleidungen von Gebäuden verwendet. In vielen Gegenden, u. a. in der Eifel oder im Bayerischen Wald, baute man Häuser früher ganz aus Stein. Schieferplatten wurden z. B. abgebaut, um sie zum Decken von Hausdächern zu verwenden. Heute werden Häuser nur noch selten ganz aus Natursteinen gebaut, allerdings nutzt man diese gerne zu dekorativen Zwecken. Dazu wählt man Gesteine, die schöne Zeichnungen aufweisen oder die besonders farbenprächtig sind. Sie werden auch zu Tischplatten oder zur Innenverkleidung, z. B. in Bädern, verwendet. In Küchen baut man oft Arbeitsplatten aus Granit ein, weil diese besonders stabil und unempfindlich sind.

Haus ganz aus Naturstein in Irland

Früher lernte man das Schreiben in der Schule auf solchen Tafeln aus Schiefergestein.

Vulkanische Gesteine

Magma und Lava

Vulkane hast du sicher schon einmal auf Bildern, im Fernsehen oder vielleicht sogar live gesehen. Sie bestehen meist aus einem Vulkanberg oder -kegel mit Kraterrand und einem Vulkanschlot. Unterhalb des sichtbaren Vulkankegels befindet sich die sogenannte Magmakammer. In ihr brodelt heißes, flüssiges Gesteinsmaterial, das Magma. Es kann bei einem Vulkanausbruch in unzähligen kleinen Fetzen oder auch als Lavafluss aus dem Vulkan ausgespuckt werden. An der Erdoberfläche wird es durch die Luft recht schnell heruntergekühlt. Es gilt: Je schneller die Lava abkühlt, desto kleiner sind die einzelnen Kristalle, die sich beim Festwerden bilden. Je länger die Abkühlung dauert, desto mehr Zeit haben sie zum Wachsen und desto größere Kristalle entstehen.

Im vulkanischen Gestein Basalt kannst du mit bloßem Auge z. B. keine Mineralien erkennen. Erst unter dem Mikroskop ist das möglich. Es gibt aber auch vulkanische Auswurfgesteine, in denen einzelne große Kristalle in einer ansonsten ganz feinkörnigen Masse vorkommen. Die großen Kristalle sind dann schon im Inneren der Magmakammer entstanden und wurden mit dem heißen Magma hinaustransportiert. An der Oberfläche ist der Rest dieser »Transport-Lava« erkaltet, auskristallisiert und hat sich um die größeren Mineralien, die sogenannten Einsprenglinge, angeordnet.

Gefährliche Nachbarschaft Aus vulkanischen Gesteinen entsteht ein besonders fruchtbarer Boden. Deswegen leben viele Menschen, besonders in Entwicklungsländern, dicht an den Hängen von Vulkanen, obwohl neue gefährliche Ausbrüche drohen können. In der Nähe mancher Vulkane liegen sogar Großstädte. So leben in dem Gebiet, das durch einen neuen Ausbruch des Vesuv in Italien gefährdet wäre, etwa vier Millionen Menschen in der Stadt Neapel und der umliegenden Region.

Neapel – im Hintergrund thront der Vesuv.

Lavaströme können viele Meter mächtig sein. Dieser erkaltete Strom auf Teneriffa ist besonders beeindruckend.

Flüssiges Gestein wird unterschiedlich benannt. Befindet es sich noch in der Tiefe, wird es als Magma bezeichnet. Erstarrt es in der Magmakammer, wird es zum magmatischen Gestein oder Tiefengestein. Beispiele dafür sind Granit und Gabbro. Dringt das Magma nach oben und läuft in glutflüssigem Zustand an der Erdoberfläche aus bzw. wird herausgeschleudert, heißt es Lava. Wird die Lava an der Erdoberfläche fest, entsteht ein vulkanisches Gestein, das je nach seiner chemischen Zusammensetzung unterschiedlich benannt wird. Typische vulkanische Gesteine sind z. B. Basalt und Rhyolith.

Einen Vulkan selbst zu bauen und ihn »Lava« spucken zu lassen macht viel Spaß!

Vulkanite

Je nach Zusammensetzung des Magmas sehen die späteren Gesteine ganz unterschiedlich aus. So gibt es sehr dunkle Lavagesteine, wie den Basalt, aber auch ganz helle, wie den Rhyolith. Generell bezeichnet man alle vulkanischen Gesteine, die an der Erdoberfläche erkalten und auskristallisieren, als Vulkanite oder Eruptivgesteine (Vulkanausbrüche werden auch »Eruptionen« genannt). Das müssen nicht immer feste Gesteine sein. Auch vulkanische Asche, Bimsstein (Gesteinsschaum) und Obsidian (vulkanisches Glas) sind Vulkanite.

Manche Vulkanschlote reichen bis ganz tief ins Innere der Erde, sogar bis in den Erdmantel, also bis zu 100 Kilometer tief. Brechen solche Vulkane aus, kann das Magma aus der Wand des Vulkanschlots Gesteine herausreißen und als ganze Brocken mit nach oben transportieren. So kommen diese Erdmantelgesteine als Olivinbomben, benannt nach ihrem Hauptmineral Olivin, an die Oberfläche. Sie geben uns Aufschluss darüber, wie es in der Tiefe des Erdmantels aussieht. Solche Gesteine kannst du z. B. in der Eifel finden. Die Olivinbomben oder -knollen können ganz unterschiedliche Größen von Faustgröße bis zur Größe eines Autos haben. Dass solche Riesenbrocken durch die Luft fliegen können, zeigt, mit welcher Kraft die Lava aus dem Vulkan herausgeschossen wurde.

Vor 60 Millionen Jahren ergoss sich an der Nordküste Nordirlands ein Lavastrom ins Meer. Als er abkühlte, entstanden bis zu 25 Meter hohe Basaltsäulen, die einen riesigen Damm bilden, den Giant's Causeway (»Damm des Riesen«).

Obsidian ist zu Glas erstarrte vulkanische Lava.

Am Strand von Lanzarote kann man schöne durchsichtige Olivinkörner aufsammeln.

Der Vulkan aus der Küche Einen Vulkan kannst du zu Hause ganz einfach selbst herstellen. Du brauchst dazu ein großes, kegelförmiges Stück Styropor, in dessen Mitte du ein etwa 4 Zentimeter tiefes Loch mit ca. 3 Zentimetern Durchmesser schneidest. Das Loch darf aber nicht ganz durch den Styropor hindurchgehen, es sollten noch einige Zentimeter Untergrund übrig bleiben. In den Vulkanschlot gibst du jeweils etwa einen Esslöffel Backpulver, Natron und Essig (in dieser Reihenfolge). Du kannst auch noch etwas rote oder gelbe Acrylfarbe hinzufügen. Der Vulkan fängt nach kurzer Zeit an zu schäumen und »bricht aus«.

Tiefengesteine

Riesenkristalle Die größten Kristalle vieler Mineralarten finden sich in Pegmatiten: Glimmertafeln können mehrere Quadratmeter groß werden. Die größten je entdeckten Beryll-Kristalle sind 18 Meter lang und haben einen Durchmesser von 3,5 Metern. Einzelne Feldspat-Kristalle haben mit 50 Metern Länge Platz für einen ganzen Steinbruch. Da sind die brasilianischen Riesenkristalle des Edelsteinminerals Rubellit mit 80 Zentimetern Höhe oder diese riesigen Topas-Kristalle aus dem Natural History Museum in Washington (Foto) geradezu Zwerge.

Riesenbauklötze Wenn Granit verwittert, können große, abgerundete Felsen entstehen. Man nennt das »Wollsackverwitterung«. Wollsack deshalb, weil die einzelnen Felsen dem Sitz des Lordkanzlers im englischen Regierungsgebäude in London ähneln, bei dem es sich um einen mit Wolle ausgestopften Sack ohne Beine und ohne Lehne handelt. Nach diesem *woolsack* genannten Sitz wurden diese Felsformationen benannt. Wollsackverwitterung kann ganz bizarre Felsbildungen hervorrufen, die aussehen, als hätte ein Riese lauter runde Steine übereinandergestapelt.

Durch Verwitterung ist diese riesige Granitkugel entstanden, die man aber nicht wirklich festhalten muss.

Plutonite und Pegmatite

Magma fließt nicht immer als Lava aus einem Vulkan heraus oder wird herausgeschleudert. Es kann auch tief im Inneren der Erde, unterhalb des Vulkans, in Gänge, Spalten und große Hohlräume fließen und dort ganz langsam erkalten. In diesem Fall wird es nicht so schnell heruntergekühlt wie an der Erdoberfläche. Die Mineralien kristallisieren deshalb viel langsamer aus und die Kristalle werden deutlich größer. Manche der Mineralien sind mehrere Millimeter oder sogar Zentimeter groß, man kann die Kristalle also schon mit bloßem Auge erkennen.

Dabei sind die unterschiedlichen Mineralien, die das Gestein aufbauen, regellos, d. h. ungeordnet im Gestein verteilt. So entstandene Gesteine sind sehr kompakt und fest und werden deswegen gerne als Schotter für den Straßenbau oder als Pflastersteine verwendet. Da diese Gesteine tief im Inneren der Erde auskristallisiert sind, werden sie auch als Tiefengesteine oder Plutonite bezeichnet. Der Begriff Plutonit ist vom römischen Gott der Unterwelt, Pluto, abgeleitet. Das bekannteste Tiefengestein ist der Granit. Gabbro, ein dunkles, grobkörniges Gestein, bestehend aus Feldspat und Pyroxen, ist ein weiteres Plutonit.

An die Erdoberfläche gelangen diese Gesteine erst, nachdem die über ihnen lagernden Schichten durch Erosion, also durch Witterung, Wind und Wasser, abgetragen wurden, oder wenn sie durch Hebungsprozesse, wie z. B. bei der Bildung eines Gebirges, an die Erdoberfläche gebracht worden sind. Sehr schöne Steinbrüche in Tiefengesteinen kannst du in Deutschland z. B. im Kinzigtal im Schwarzwald oder auch im Odenwald sehen, im Wald- und im Mühlviertel in Österreich und am St. Gotthart

In einer Höhle bei Naica in Mexiko haben Forscher diese mehrere Meter langen Gips-Kristalle entdeckt.

in der Schweiz. Verwittern Gesteinsblöcke an der Oberfläche, runden sie sich ab und es kann ein Felsen- oder Blockmeer entstehen, wie z. B im Bayerischen Wald am Gipfel des Lusen, im Fichtelgebirge und im österreichischen Waldviertel.

Schatzkammern in der Tiefe Mit Tiefengesteinen, insbesondere mit Graniten, verbunden sind die Pegmatite. Dabei handelt es sich um sehr grobkörnige Ganggesteine, deren einzelne Kristalle bis zu einem Meter groß werden können. Drusen in diesen Pegmatiten weisen besonders viele Edelsteinmineralien in Form sehr schöner Kristalle auf, z. B. verschiedenfarbige Turmaline sowie den Aquamarin und den Topas.

Durch ein Felsenmeer zu klettern, wie hier am Felsberg im Odenwald, ist zwar recht mühsam – aber auch ein tolles Abenteuer!

Granit ist ein besonders harter Stein, viel härter als das Material unserer Zähne. Deshalb sagt man auch, »man beißt auf Granit«, wenn man keine Chance hat, seine Meinung bei einem anderen durchzusetzen.

Auch sind viele Erzlagerstätten, z. B. von Zinn, Silber, Kupfer, Blei und Zink, direkt an Tiefengesteinsmassen erstarrter Magmakammern gebunden. Denn beim Festwerden des Tiefengesteins in der Magmakammer werden die wässrigen Lösungen frei, aus denen sich die Erzmineralien bilden.

Pegmatit mit schwarzem Turmalin

Metamorphe Gesteine

Granat-Glimmerschiefer Dieses metamorphe Gestein sieht besonders schön aus. Es glitzert silbrig aufgrund der vielen kleinen Glimmerblättchen, die meist mehr als die Hälfte der Mineralien der Gesamtmasse ausmachen. In manchen Glimmerschiefern kannst du schöne Granat-Kristalle, die oft mehrere Zentimeter groß sind, entdecken. Im Zillertal oder im Ötztal in Österreich lohnt es sich, danach auf die Suche zu gehen.

Der Fluss Verzasca im Tessin bahnt sich seinen Weg durch Felsen aus hell-dunkel gebändertem Gneis.

Eklogit ist ein metamorphes Gestein, das beim Abtauchen einer Erdplatte unter eine andere Platte entsteht. Der Eklogit hat sich aus Basalt gebildet. Er besteht hauptsächlich aus zwei Mineralien: dem roten Granat und dem grünen Omphacit. Eklogit wird auch als Hochdruck- oder Ultra-Hochdruck-Gestein bezeichnet, denn er muss im Erdinneren (in 37–70 Kilometern Tiefe) einem enorm hohen Druck von 10–18 Kilobar standhalten. Zum Vergleich: Ein Kilobar entspricht dem 1000-fachen Luftdruck. Der Eklogit ist daher auch eines der dichtesten Gesteine, die wir an der Erdoberfläche finden können. Dort kommt er allerdings nur selten vor. Du kannst ihn aber im Urlaub in Griechenland oder in den Alpen entdecken; auch als Kieselsteine in der Isar kannst du ihn finden.

Wie Granit zum Gneis wird

Als metamorph werden alle Gesteine bezeichnet, die durch Umwandlung (Metamorphose) aus einem anderen Gestein entstanden sind, die also von einem festen Zustand in einen anderen festen Zustand übergegangen sind. Gründe für diese Umwandlung können sich ändernde Druck- und/oder Temperaturverhältnisse im Gestein und in der Umgebung sein. Beispielsweise kann aus plutonischem Granit ein metamorphes Gestein entstehen: der Gneis.

Umwandlung durch Druck ... Wenn der Granit einem erhöhten Druck ausgesetzt wird (das war z. B. bei der Auffaltung der Alpen so), versuchen die Mineralien, diesem Druck auszuweichen. Sie richten sich in einer bestimmten Anordnung neu aus. Im Falle des Gneises besteht diese Anordnung aus mehreren Lagen und wird auch als Schieferung bezeichnet. So bilden die hellen Feldspat-Mineralien eine Lage zusammen mit dem grauen Quarz, die dunklen Glimmer bilden eine dunkle Lage. Die beiden Lagen wechseln sich immer wieder ab und bilden ein gebändertes Gestein, das dem Fell eines Zebras gleicht.

Hohe Druckverhältnisse entstehen z. B., wenn zwei Erdplatten aufeinandertreffen. Wie du vielleicht weißt, befinden sich die Kontinente, auf denen wir leben, und auch die Meere auf gewaltigen Platten, die ständig (in unglaublich langsamer) Bewegung sind, sich gegeneinander und untereinander verschieben oder auseinanderdriften (siehe S. 35). Taucht eine schwerere Platte unter eine leichtere ab, lastet ein enormer Druck auf der abtauchenden Platte. Die Gesteine, die in die Tiefe gezogen werden, wandeln sich unter diesem Druck um, es bilden sich metamorphe Gesteine wie z. B. Blauschiefer oder Eklogit.

... und Temperatur Ein Gestein kann auch durch Temperaturerhöhung verändert werden. Meist passiert das, wenn heißes Magma entlang einer festen Gesteinsformation fließt. Das Gestein wird nur dort aufgeschmolzen, wo das Magma direkt Kontakt mit ihm hat. Gesteine, die weiter entfernt liegen, werden lediglich aufgeheizt, ohne jedoch zu schmelzen. Sie verändern sich aber durch die Aufheizung und es bilden sich neue Mineralien.

Die Impaktmetamorphose ist eine weitere und recht spezielle Art der Metamorphose. Sie findet statt, wenn ein sehr großer Meteorit mit hoher Geschwindigkeit auf die Erde trifft. Dies ist z. B. vor etwa 15 Millionen Jahren im Nördlinger Ries im heutigen Bayern passiert. Die dortigen Gesteine wurden durch die hohe Temperatur und den hohen Druck, der beim Aufprall (Impakt) entstand, umgewandelt. So bildete sich z. B. aus Graphit, der vorher im Gestein vorhanden war, schlagartig Diamant. Diese Diamanten sind allerdings winzig klein, eine Diamantensuche im Nördlinger Ries lohnt sich also nicht.

Der Barringer-Krater in Arizona, USA, hat einen Durchmesser von mehr als einem Kilometer. Er entstand vor ca. 50 000 Jahren durch einen Meteoriteneinschlag. Schau dir dieses Foto mal mit einer Rot-Grün-Brille an!

Geologin in einem Kalksteinbruch im Nördlinger Ries

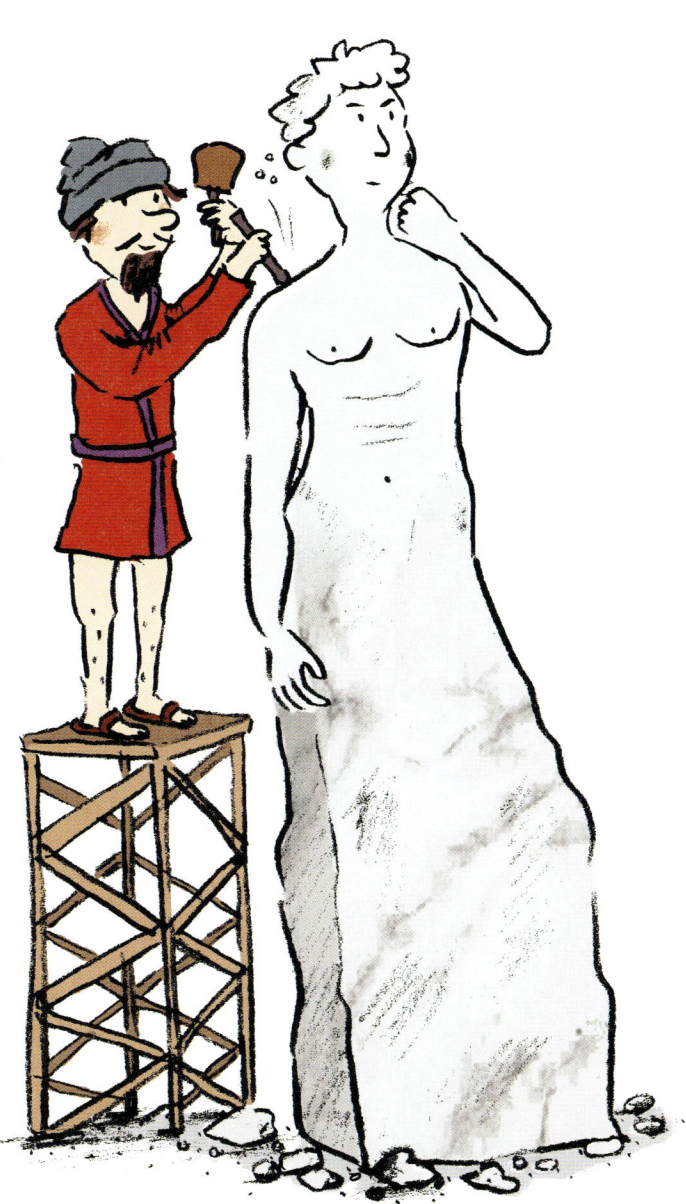

Marmor ist ein metamorphes Gestein, das durch Umwandlung von Kalkstein entstanden ist. Da Marmor oft besonders schön strahlend weiß ist, wird er sehr gerne für Skulpturen verwendet.

Einer der bekanntesten Marmore kommt aus Carrara in Italien. Er wurde bereits von dem italienischen Künstler Michelangelo (1475–1564) genutzt, u. a. für eines seiner berühmtesten Werke, die über 5 Meter hohe und fast 6 Tonnen schwere Statue des David.

Sedimentgesteine

Buntsandstein gehört zu den Sedimentgesteinen. Der Begriff ist irreführend, denn
dieses Gestein ist meist aus einfarbigen röt-
lichbraunen Sandkörnern aufgebaut und nur
selten bunt. Es kann aber auch eine Bände-
rung aus unterschiedlichfarbigen Schichten
aufweisen. Aufgrund ihres hübschen Aus-
sehens, ihrer Stabilität und ihrer guten Spaltbarkeit werden Buntsandsteine als Bau-
material für Häuser und Kirchen verwendet.
Ein besonders schönes Exemplar ist die
Lange Anna auf Helgoland, ein 47 Meter
hoher und ca. 25 000 Tonnen schwerer
Buntsandsteinblock.

Der Ayers
Rock, ein
riesiger Sand-
steinfelsen,
ist den Urein-
wohnern Aus-
traliens heilig.

Tropfsteinhöhlen Tropfsteine
sind Sedimentgesteine, die sich aus
kalkhaltigen wässrigen Lösungen
bilden. Diese Lösungen fließen
ganz langsam durch ein zerklüfte-
tes Gestein und dringen in große
Hohlräume und Spalten im Inneren der
Erde ein. Dort bilden sie Tropfsteine,
indem sich die flüssigen von den festen Bestandteilen absetzen und nur
die festen Bestandteile zurückbleiben.

Sehr viele Tropfsteinhöhlen befinden sich auf der Schwäbischen Alb.
Die meisten dieser Höhlen, wie z. B.
die berühmte Bärenhöhle, sind öffent-
lich zugänglich und du kannst sie mit
deiner Familie besichtigen.

Verwitterung und Fällung

Sedimentgesteine können aus allen Gesteinsarten entstehen. Das Gestein verwittert, die Einzelteile werden durch
Wind und Wasser abgetragen und wegtransportiert und
lagern sich schließlich ab. Dieses lockere Material, das
Sediment, verfestigt sich im Laufe der Zeit und es bildet
sich Sedimentgestein. Die Sediment-
gesteine lassen sich in zwei große Gruppen unterteilen: die klastischen Sedimente einerseits und die biogenen und
chemischen Sedimente andererseits.

Die klastischen Sedimente entstehen durch Verwitterung, Abtragung
und Transport von ehemals festem Gesteinsmaterial. Als
chemische Sedimente werden Gesteine bezeichnet, die
sich in Flüssigkeiten, wässrigen Lösungen, befunden und
sich von diesen abgesetzt haben. Dieser Vorgang wird
auch »Fällungsprozess« genannt. Tropfsteine gehören
zu den chemischen Sedimenten. Sie bestehen aus Calcit
und sind aus stark kalkhaltigen wässrigen Lösungen aus-
gefallen. Meist haben sie sich über Jahrmillionen in Höhlen gebildet. In Deutschland kannst du sie z. B. auf der
Schwäbischen Alb entdecken.

Stalaktiten hängen
runter, Stalagmiten
stehen munter!
**Merksatz aus der
Geowissenschaft**

Vom Lebewesen zum Stein

Als biogene Sedimente werden Gesteine bezeichnet, die aus ehemals lebenden Organismen hervorgegangen sind. So bestehen z. B. die Schalen vieler Meeresbewohner aus den Mineralien Calcit oder Aragonit. Sterben diese Tiere, sinkt ihr Schalengerüst auf den Meeresboden. Es wird dort in vielen Schichten abgelagert und bildet mit der Zeit ein Lockersediment. Kommt es zur Verfestigung – durch auflastenden Druck und Herauspressen des Wassers –, entsteht ein Kalkstein. Kalksteine sind die häufigsten und wichtigsten biogenen Gesteine. Der nördliche Teil der Alpen besteht daraus, denn er war früher Meeresboden, der sich über Jahrmillionen entwickelt hat und danach durch die Verschiebung der Erdplatten angehoben wurde. Lebewesen, die für die Bildung von biogenen Sedimenten verantwortlich sind, sind z. B. Korallen, Muscheln, Schnecken und Algen.

Es gibt auch eine kleine Gruppe von Lebewesen, die kein kalkhaltiges Schalengerüst haben, sondern ein siliciumhaltiges. Ihre Überreste bilden deshalb keine Kalksteine, sondern kieselige Sedimente. »Kieselhaltig« hat in diesem Zusammenhang aber nichts mit Kieselsteinen zu tun, sondern mit dem Begriff »Kieselsäure«. Organismen, die ein Kieselgerüst besitzen, sind z. B. Strahlentierchen und Kieselalgen. Sie sind typisch für Sedimente aus der Tiefsee.

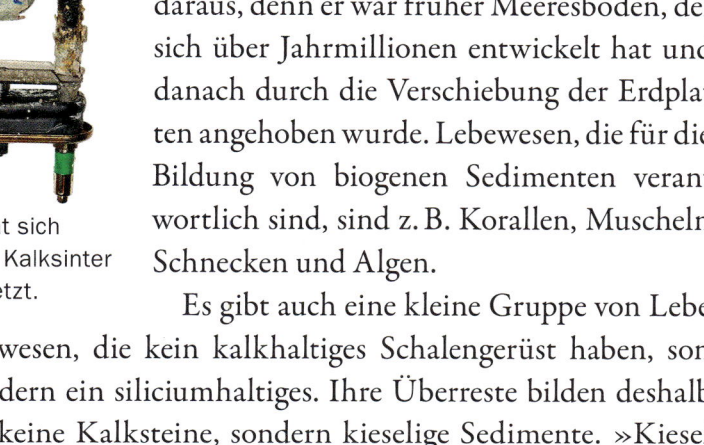

Hier hat sich weißer Kalksinter abgesetzt.

Die Sinterterrassen von Pamukkale (Türkei) entstehen durch die Ablagerung von Kalksinter aus heißen Quellen.

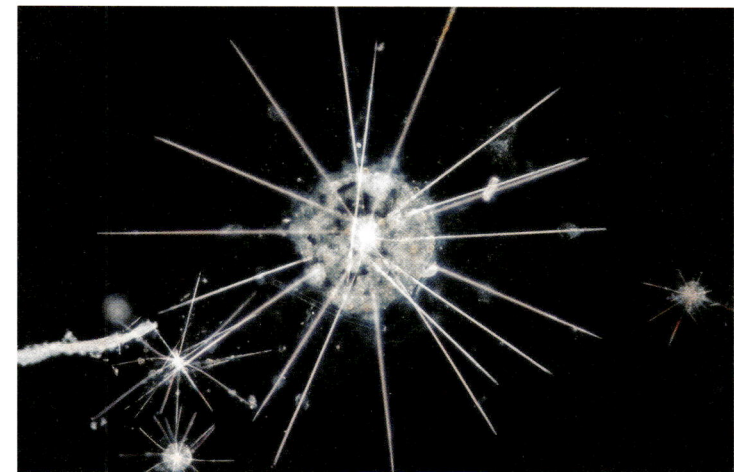

Die Strahlentierchen oder auch Radiolarien bauen ihr Skelett aus Kieselsäure.

Tropfsteinhöhlen sind eine Wunderwelt unter der Erde.

Lockergesteine

Auch der Wind kann Lockersedimente erzeugen, wie diese riesige Sanddüne in der Wüste Namib (Namibia).

Sand und Kies

Bei Gesteinen denkt man zunächst einmal an etwas Festes, Stabiles, das man zu Mauern aufschichten kann und das hohe Felswände bildet. Dabei können Gesteine auch ganz anders sein: bröselig, locker, weich. Der schöne weiche Sand am Strand, aus dem du Sandburgen baust und auf dem du in der Sonne liegst, ist nichts anderes als Gestein. Auch die Kiesbänke an Flüssen sind Gesteine. Sie werden von der Wissenschaft in die Klasse der Sedimentgesteine und innerhalb dieser

Nicht Hammerschläge, sondern der Tanz des Wassers rundet den Kiesel zu seiner Schönheit.
Rabindranath Tagore, indischer Dichter (1861–1941)

in die spezielle Gruppe der Lockergesteine eingeordnet. Lockergesteine deshalb, weil die einzelnen Teile (»Komponenten« genannt), aus denen das Gestein aufgebaut ist, nicht fest miteinander verbunden sind. Das ist ganz anders als bei allen anderen Gesteinen. Feldspat, Quarz und Glimmer, aus denen der Granit aufgebaut ist, lassen sich nicht gegeneinander bewegen, da müsste man das Gestein schon in seine Einzelteile zerklopfen.

Lockergesteine teilt man nach ihrer Korngröße ein, d. h. nach der Größe der einzelnen Teilchen, aus denen sie bestehen. Sind die Komponenten größer als 2 Millimeter, spricht man von Kies, der wiederum in Grob-, Mittel- und Feinkies unterteilt wird. Sind die einzelnen Körner kleiner als 2 Millimeter, spricht man von Sand. Sind sie kleiner als 0,06 Millimeter, handelt es sich um Schluff oder Ton.

Gold- und Edelsteinseifen

Mit ein wenig Glück kannst du in Sand und Kies sogar Gold und Edelsteine finden. Wegen ihres meist höheren Gewichts sammeln sie sich an bestimmten Stellen, man sagt: Sie reichern sich an. Solche Stellen nennt man Seifen. Die Gold- und Edelsteinwäscher suchen sie, um das wertvolle Material mit der Waschschüssel oder auch größeren Apparaturen herauszuwaschen.

Goldwaschen kannst du auch selbst ausprobieren. Im Rauriser Tal in Österreich z. B. gibt es Goldwaschstellen, wo du die notwendigen Geräte ausleihen und dir erklären lassen kannst, wie man damit umgeht.

Die Einteilung der Lockergesteine	
Korndurchmesser in Millimetern	Bezeichnung
über 63	Felsen, Steine, Geröll
63–20	Grobkies
20–6,3	Mittelkies
6,3–2	Feinkies
2–0,6	Grobsand
0,6–0,2	Mittelsand
0,2–0,06	Feinsand
0,06–0,02	Grobschluff
0,02–0,006	Mittelschluff
0,006–0,002	Feinschluff
unter 0,002	Ton

Goldwaschen kann jeder lernen, wie diese Kinder im Legoland bei Günzburg.

Genau hingeschaut! Meistens findet man Lockersedimente in Zusammenhang mit Wasser, also an Flüssen und Seen und am Meer. Hast du schon einmal Sand unter der Lupe oder dem Mikroskop betrachtet? Da tut sich eine ganz neue Welt auf! Manche Sande bestehen ganz aus Sandkörnern, andere enthalten unendlich viele kleine Schneckenhäuser und andere Überreste von Meeresbewohnern, wieder andere sind ganz schwarz, weil sie besonders viel von dem Eisenmineral Magnetit aufweisen. Und dann gibt es natürlich auch noch die ganz besonderen Sande, die Gold enthalten können.

Auch in dem Kies an Flüssen und Meeresküsten können sich wahre Schätze befinden. Da gibt es Kieselsteine, die voller Fossilien sind: versteinerte Muscheln, Schnecken, Seeigel und andere ausgestorbene Meerestiere. Andere enthalten sogar Edelsteine wie z. B. Granat-Kristalle. Besonders vielfältig sind die Kieselsteine dort, wo die Gletscher während der Eiszeit Gesteine von weither transportiert haben. So finden sich im bayerischen und baden-württembergischen Alpenvorland Kieselsteine, die eigentlich weit aus dem Süden der Schweiz stammen. An der Ostseeküste kannst du schöne bunte Granitkieselsteine aus Schweden, Norwegen oder Finnland finden.

Der Kieselstein-Zoo Mit Kieselsteinen kannst du wunderbar basteln! Du kannst Männchen, Tiere oder andere Figuren zusammenkleben und sie bunt bemalen. Mit roter und schwarzer Farbe entsteht aus einem ovalen Stein ein wunderschöner Marienkäfer, mit ein paar Filzstift-Strichen aus einem einfachen grauen Stein eine Maus oder ein kleiner Hase. Deiner Fantasie sind keine Grenzen gesetzt. Wenn du einen Stein aufsammelst, kannst du dir vielleicht schon vorstellen, welches Tier in seiner Form steckt. Du musst es nur noch »hervorlocken«. Wenn der Stein fertig bemalt ist, solltest du ihn noch mit durchsichtigem Klarlack überziehen (Haarspray geht auch), dann hält die Farbe ewig.

Selbst klitzekleine Sandkörner sehen unter dem Mikroskop plötzlich riesig und spektakulär aus.

… B, C: Mit Geduld und etwas Glück kannst du ein komplettes Alphabet aus Kieselsteinen sammeln!

Strände sind wunderbare Spielplätze: Hier kannst du Kieselsteine übers Wasser hüpfen lassen, Burgen bauen, Muscheln und Steine sammeln und noch vieles mehr.

Spuren aus der Urzeit

Fossiliensuche
auf der dänischen
Insel Bornholm

Auf Fossiliensuche   Ganz besonders berühmt für die Funde von versteinerten Fischen, Krebsen, Flugsauriern und dem Urvogel Archäopteryx sind die Steinbrüche in den Plattenkalken der Gegend von Solnhofen und Eichstätt in Bayern. Im Sammlersteinbruch Mühlheim im Altmühltal kannst du dich gegen eine geringe Gebühr auf die Suche machen. Das nötige Werkzeug kannst du vor Ort entleihen. Vielleicht hast du Glück und findest einen Krebs oder einen Fisch oder gar ein Stück von einem Saurier!

Oben: Versteinerter Fisch im Solnhofener Plattenkalk
Unten: Der Bayerische Urvogel *Archaeopteryx bavarica* von Langenaltheim in Bayern

Ammoniten sind ausgestorbene Verwandte unserer heutigen Tintenfische. Die Fossilien ihrer meist aufgerollten Gehäuse kannst du in Deutschland z. B. in der Schwäbischen und der Fränkischen Alb finden, in der Schweiz z. B. bei Herznach, in Österreich im Salzkammergut. Beste Fundstellen sind Kalksteinbrüche. An manchen Orten, z. B. in der Fränkischen Alb, kannst du herausgelöste Ammoniten aber auch nach dem Pflügen auf Äckern finden.

Fossilien

Weit mehr als die Hälfte unseres Planeten ist mit Wasser bedeckt. Und vor Millionen von Jahren war es noch weit mehr! Deshalb ist es ganz logisch, dass die meisten Sedimentgesteine Ablagerungen in Gewässern, hauptsächlich in Meeren, sind. In diesen Sedimentgesteinen finden sich die Überreste all der pflanzlichen und tierischen Organismen, die einmal dort gelebt haben. Von einer winzigen Alge bis hin zum Urhai und Meeressaurier kann man alles in den entsprechenden Gesteinen finden.

Am häufigsten sind Versteinerungen oder Fossilien, wie man auch sagt, in Kalkgesteinen und Tonschiefern. Während in Kalksteinen viele Überreste von Lebewesen dreidimensional erhalten sind, d. h., sie haben einen richtig tiefen Abdruck hinterlassen, sind sie in Tonschiefern meist platt gedrückt. Solche flacheren Abdrücke sind aber nicht weniger schön und interessant.

Manche Versteinerungen kommen recht häufig vor, wie etwa Ammoniten, Belemniten, versteinerte Muscheln oder Schnecken. Solche Funde kannst du an den richtigen Stellen mit ein bisschen Glück selbst machen. Andere Fossilien, wie vom Urvogel Archäopteryx oder von Dinosauriern, sind extrem selten und werden oft nur durch Zufall oder bei gezielten wissenschaftlichen Grabungen entdeckt. Viele der Lebewesen, die man als Versteinerungen finden kann, sind heute ausgestorben, wie z. B. Ammoniten oder Belemniten. Andere, wie der Nautilus, bevölkern auch heute nach Millionen Jahren noch die Meere. Man bezeichnet sie als lebende Fossilien.

Fossile Rohstoffe   Neben Tieren findet man auch Überreste von Pflanzen, sogar von riesigen Bäumen. Besonders die fossilen Pflanzen sind für uns Menschen wichtig, und das für jeden, auch wenn man sich eigentlich gar nicht für Fossilien interessiert. Aus urweltlichen Bäumen, die vor Millionen Jahren auf unserer Erde wuchsen, entstand tief in der Erde ein wichtiger Brennstoff – die Kohle.

So könnten die Gesteinsschichten unter deinen Füßen übereinandergelagert sein.

Riesenschaufelbagger im Braunkohle-Tagebau

Braunkohle und Steinkohle werden überall auf der Welt als Energielieferant abgebaut. Da die nahe der Oberfläche gelegenen Lagerstätten sich nach und nach erschöpfen, muss man immer tiefer graben, um an das begehrte Material zu kommen – und das ist sehr gefährlich.

In Meeressedimenten können aus pflanzlichen und tierischen Überresten weitere wichtige Brennstoffe entstehen: Erdöl (aus dem z. B. Benzin hergestellt wird) und Erdgas. Sie sammeln sich in porösen, also löcherigen, Gesteinsschichten oft in vielen Kilometern Tiefe an, werden durch Bohrungen erschlossen und an die Erdoberfläche gepumpt.

All diese Rohstoffe sind im Laufe von Jahrmillionen entstanden. Wenn wir sie verbrauchen, wachsen sie nicht wie etwa Holz einfach und schnell wieder nach. Im Unterschied zu den nachwachsenden Rohstoffen nennt man sie deshalb fossile Rohstoffe.

Erdöl wird auch von Plattformen im Meer gefördert.

Gefährlicher Abbau Aus den Kohlelagerstätten in der Tiefe strömen brennbare Gase aus, die bei Entzündung zu katastrophalen Explosionen und Grubenunglücken führen können. Allein in den Kohlebergwerken Chinas sterben jährlich Tausende von Menschen bei solchen Unglücken. Manchmal kann so eine Explosion auch dazu führen, dass ein Kohleflöz (so nennt man die Lagerstätte dieses Brennstoffs) tief in der Erde in Brand gerät. Solche Brände sind nur schwer zu löschen, manchmal gelingt das gar nicht. In Tadschikistan gibt es Kohleflöze, die schon seit über 2000 Jahren brennen.

Diese Rettungsmannschaft macht sich auf die Suche nach Überlebenden eines Grubenunglücks in China im April 2009.

Erde
Sand
Ton

Kies

Konglomerat

Sandstein

Tonschiefer

Kalkstein

Gneis

Der Kreislauf der Gesteine

Vom Vulkangestein zum Sediment

Auf unserer Erde herrscht ein riesiger Kreislauf der Gesteine, denn ein Gestein kann immer wieder aus einem anderen Gestein hervorgehen. Die Erde recycelt sozusagen die Gesteine immer wieder aufs Neue.

In der Tiefe Du hast bereits gelernt, dass eine Erdplatte unter eine andere Erdplatte abtauchen kann. Das bezeichnet man als Subduktion (von lat. *sub* = unter; *ducere* = führen). Die abtauchende Platte kann z. B. aus Basaltgestein bestehen, das beim Erkalten von Lava an der Erdoberfläche entstanden ist. Dieses magmatische Gestein wird dann durch den Druck der oberen Erdplatte z. B. in einen Eklogit oder Blauschiefer umgewandelt. Somit ist aus einem magmatischen Gestein ein metamorphes Gestein entstanden.

Kommt das Gestein weit genug in die Tiefe, steigen Druck und Temperatur so stark an, dass sich wieder glutflüssiges Magma bilden kann. Bei einem Vulkanausbruch kann es an die Erdoberfläche gelangen.

Gletscher transportieren Gesteine vom Berg ins Tal. Hier der große Aletschgletscher in der Schweiz

Durch Vulkanausbrüche gelangt flüssiges Gestein an die Erdoberfläche.

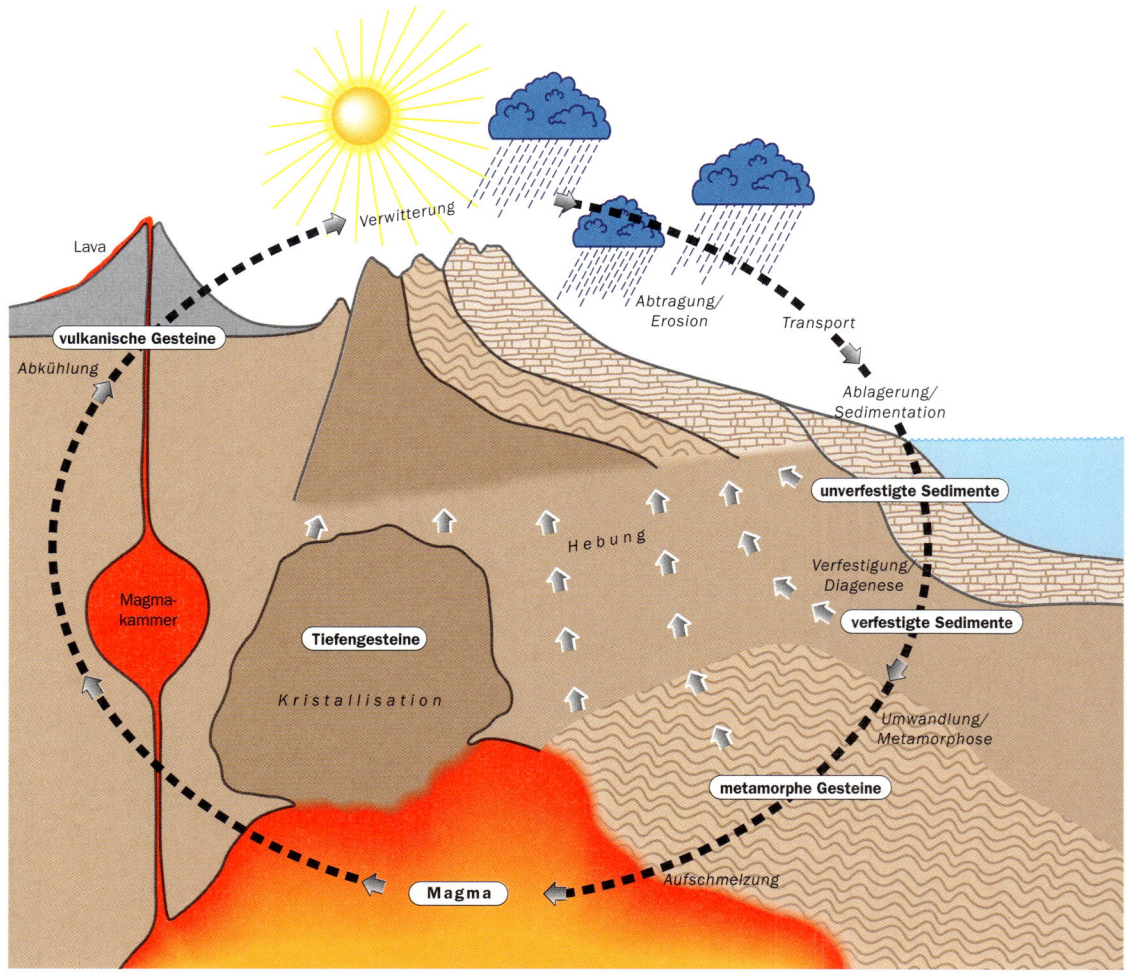

Der Kreislauf der Gesteine auf unserer Erde steht niemals still.

An der Oberfläche Liegen die magmatischen und metamorphen Gesteine an der Erdoberfläche, setzen ihnen Wind, Regen, Hitze und Kälte zu. Die ehemals festen Gesteine werden durch diese äußeren Einflüsse mit der Zeit porös, einzelne Mineralien lösen sich heraus und es bilden sich lockere Mineralmassen. Dann werden die Mineralien oder Gesteinsbruchstücke durch Wind und Wasser wegtransportiert und an anderer Stelle abgelagert. So bildet sich aus einem ehemals festen Gestein ein Sediment.

Du siehst also: Die unterschiedlichen Gesteine können immer wieder aus anderen Gesteinen hervorgehen oder in diese umgewandelt werden. So geht auf der Erde nichts verloren.

Plattentektonik Die Bewegung der Erdplatten ist eine wichtige Voraussetzung, die den Kreislauf der Gesteine erst ermöglicht und die ihn am Leben erhält. Sie wird auch Plattentektonik genannt. Die großen Erd- oder Kontinentalplatten, auf denen sich die Land- und Wassermassen befinden, fügen sich wie in einem Puzzle zusammen. Alfred Wegener (1880–1930) war der Erste, der das erkannt und 1915 in seinem Buch *Die Entstehung der Kontinente und Ozeane* vertreten hat. So stellte er fest, dass die Küstenlinie von Afrika ganz genau an die Küste von Südamerika anzupassen ist. Er ging davon aus, dass einmal alle Kontinente in einem gewaltigen Superkontinent vereinigt waren. Und er hatte Recht: Dieser Superkontinent, der sich bis vor 200 Millionen Jahren im südlichen Teil der Erdkugel befunden hat, wird heute auch Gondwana genannt.

Gestein aus dem Weltall Meteoriten sind Gesteine, die aus dem Weltall auf unsere Erde fallen. Besonders interessant sind Gesteinsbrocken, die beim Einschlag großer Meteoriten aus der Oberfläche von Mond und Mars herausgeschlagen und durchs Weltall zur Erde geschleudert wurden. Von ihnen können wir lernen, wie die Gesteine dieser Himmelskörper zusammengesetzt sind. Marsgesteine sind vulkanische Gesteine, die den Basalten auf der Erde sehr ähnlich sind. Bisher hat man in Mars- und Mondgesteinen keine Mineralien gefunden, die es nicht auch auf der Erde gibt.

Oben: Der Eisenmeteorit Hoba in Namibia ist mit über 50 Tonnen der größte Meteorit der Welt. *Unten:* Der Mars-Rover untersucht die Oberfläche unseres Nachbarplaneten.

Subduktion bezeichnet das Abtauchen einer Erdplatte unter eine andere Erdplatte. Generell taucht die schwerere Erdplatte unter die leichtere ab. Überall dort, wo Platten abtauchen, gibt es auf der Erde »Zonen erhöhter Aktivität«, d. h., hier treten vermehrt Erdbeben und Vulkanausbrüche auf. Auch haben sich in diesen Zonen im Laufe der Jahrmillionen mächtige Gebirgsketten gebildet. Das ist z. B. an der Küste von Südamerika der Fall, wo durch Subduktion und Auffaltung die Anden entstanden sind.

Der 3406 Meter hohe Granitberg Fitz Roy in den Anden

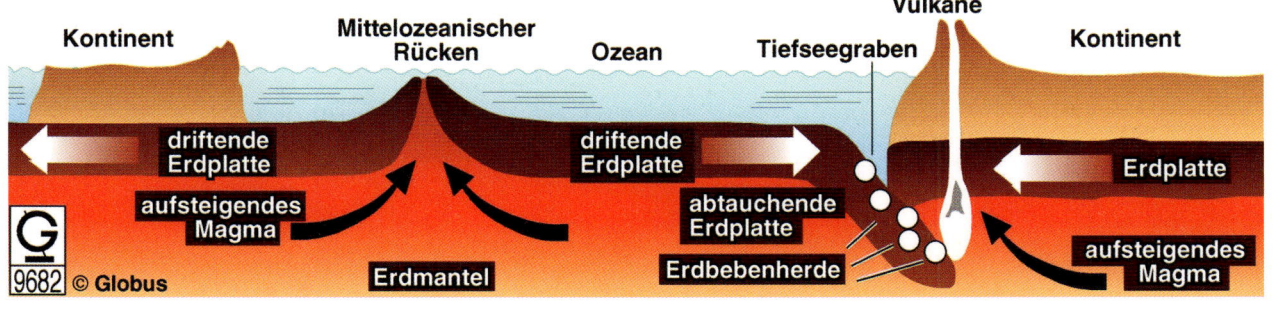

So bewegen sich die Platten der Erdkruste.

In Bächen sammeln sich die verschiedensten Gesteine der Umgebung. Dort solltest du Ausschau halten.

Fundstellen

Die meisten Mineralien und Gesteine entstehen tief im Inneren der Erde. Trotzdem muss man nicht kilometertief buddeln, um sie zu sammeln. Durch Abtragung, die Verwitterung der Gesteine durch Regen, Wind und Wetter, werden im Verlauf der Jahrtausende und Jahrmillionen Gesteine und mit ihnen Mineralien ans Tageslicht gefördert, die sich ursprünglich weit unter der Erdoberfläche befanden.

In Gebirgen wie den Alpen sind diese Prozesse manchmal sogar sichtbar: Da stürzen Felsen von Bergen herab, Gesteinsschichten werden durch Eis aufgesprengt und darunter tun sich Risse und Klüfte mit wunderschönen Kristallen auf. Bäche transportieren ganze Felsen mit interessanten Mineralien bergabwärts.

Auch der Mensch bringt verborgene Mineralien und Gesteine an die Oberfläche: In Steinbrüchen werden Gesteine zur Verwertung im Bauwesen und in der Industrie abgebaut. Man stellt Schotter für den Straßenbau her, Pflaster- und Bordsteine, Granitarbeitsplatten für Küchen, Grabsteine, Steinplatten für Wege und die Verkleidung von Gebäuden. Manche Sedimentgesteine wie Kalke und Mergel werden für die Zementherstellung gebraucht, Kies und Sand für den Hausbau, Salzgesteine für Streusalz und Speisesalz.

Viele Mineralien, die wichtige Metalle in größeren Mengen enthalten, werden zu deren Gewinnung abgebaut. Dabei entstehen riesige Tagebaue und tiefe Bergwerke. Für die Metallgewinnung werden aber immer nur Bruchteile des abgebauten Materials benötigt. Der Rest ist Abraum und wird zu hohen Hügeln, den sogenannten Halden, aufgetürmt. Dabei enthält gerade dieser für den Bergmann wertlose Abraum oft Gesteine, Mineralien und Kristalle, die für den Sammler besonders interessant sind.

Wo die Suche sich lohnt

Mineralienbörsen In der Natur kann man natürlich immer Steine entdecken und sammeln. Vielleicht interessiert es dich aber auch, was andere Leute schon Tolles gefunden haben.

Dann besuch doch einmal eine Mineralienbörse, die es überall in Deutschland, Österreich und der Schweiz gibt. Dort kannst du Mineralien und Gesteine sowie Fossilien aus der ganzen Welt entdecken und auch kaufen. Informationen über Mineralienbörsen in deiner Nähe bekommst du im Börsenkalender der Mineralienzeitschrift *Lapis,* den du auch auf der Internetseite dieser Zeitschrift abrufen kannst: *www.lapis.de*

Auf Mineralienbörsen kannst du unzählige tolle Mineralien bewundern und auch das eine oder andere Stück kaufen.

Was findest du wo?

Mineralien und Gesteine kannst du überall auf der Welt finden. Auch in Deutschland, Österreich und der Schweiz gibt es viele Fundstellen. Zum Sammeln kannst du beispielsweise in einen großen Steinbruch gehen. Dort gelten wie in einem Bergwerk auch besondere Regeln, die dich und alle anderen Menschen schützen sollen. Du musst einen Helm tragen und eine Schutzbrille, damit du beim Klopfen der Gesteine keine Splitter ins Auge bekommst.

In einem Steinbruch kannst du, je nachdem, was dort abgebaut wird, z. B. schöne Granite finden oder auch Gesteine, die Fossilien enthalten. In einen Steinbruch darfst du aber nur dann gehen, wenn du mit dem Besitzer einen Besuch vereinbart hast oder wenn es sich um einen Besuchersteinbruch handelt.

Gesteine kannst du aber auch am Flusslauf sammeln. Dort finden sich schöne Kieselsteine, die bereits einen langen Weg, z. B. aus hohen Gebirgen, zurückgelegt haben und vom Wasser rund und glatt geschliffen sind.

Besondere Steine, ganz tief aus dem Inneren der Erde, findest du z. B. in der Eifel oder in anderen Vulkangebieten. Sie heißen Mantel-Xenolithe oder auch Olivinbomben und stammen aus 70–100 Kilometern Tiefe. Sie wurden bei Vulkanausbrüchen an die Erdoberfläche geschleudert. Diese Gesteine enthalten wunderschöne grüne Olivin-Kristalle. In der Eifel findest du sie an den ehemaligen Vulkanschloten, die heute mit Wasser gefüllt

Bernstein

sind und Maare genannt werden. Am berühmtesten für seine Olivinbomben ist der Dreiser Weiher.

Steine kannst du natürlich auch im Urlaub sammeln: Kalksteine, Granat-Peridotite und Granat-Glimmerschiefer in den Alpen, Bernstein an Nord- und Ostsee. Bernstein ist ein versteinertes Baumharz, das hellbraun oder rot gefärbt ist.

Lösskindl und Hühnergötter An der See kannst du noch viele weitere Steine finden, z. B. sogenannte Hühnergötter. Das sind Feuersteine mit einem Loch in der Mitte, die als Glücksbringer gelten. Der Name Hühnergott geht darauf zurück, dass man die Steine früher zur Abwehr von bösen Geistern im Hühnerstall aufgehängt hat. Die Hühner sollten dadurch angeblich

Hühnergott

vor Krankheiten geschützt werden und mehr Eier legen. Einen Hühnergott musst du aber selbst gefunden haben, damit er wirkt!

Auch Lösskindl tragen einen besonderen Namen. Das Aussehen dieser Steine erinnert oft an Babys oder kleine Puppen, deswegen wurden sie so benannt. Eigentlich handelt es sich dabei um Kalkausfällungen im Boden, die ganz unterschiedliche Formen und Gestalten annehmen können. Lösskindl kannst du z. B. im südlichen Schwarzwald in der Nähe von Freiburg im Breisgau finden.

Zutritt verboten! Du solltest vorsichtig sein, wenn du alte stillgelegte Stollen und Bergwerke oder eine Höhle entdeckst. Natürlich könnten in ihnen schöne Mineralien oder hübsche Gesteine verborgen sein. Meist handelt es sich aber um verlassene Stollen, die sehr schlecht gesichert sind. Das Gestein kann porös sein und die Stützpfosten des Bergwerks alt und wackelig. Es könnte also alles zusammenbrechen und du könntest unter den Steinen verschüttet werden. Solche Stollen darfst du nur mit Fachleuten, die die Gefahren richtig beurteilen können, besuchen. Auf den alten Halden, die sich meist noch vor solchen Stollen befinden, kannst du auch schöne Gesteine und Mineralien finden und es ist viel weniger gefährlich für dich.

Das Meerfelder Maar in der Eifel ist vor über 30 000 Jahren durch einen Vulkanausbruch entstanden.

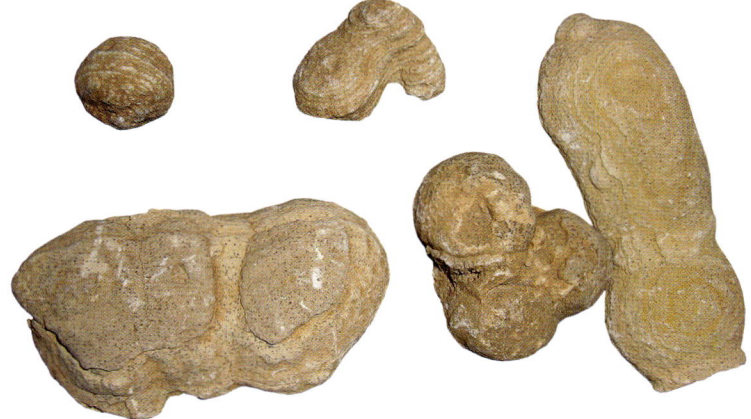

Lösskindl sind Kalkknollen, die man im Lehm oder Löss finden kann.

Auf Halden alter Bergwerke lassen sich oft schöne Mineralien sammeln.

Wo die Suche sich lohnt

Mineralien im Gestein

Edelsteine aus der Eifel Bei Volkesfeld in der Eifel kannst du im vulkanischen Tuff Kristalle von Sanidin und Augit finden. Der Sanidin ist manchmal so klar und rein, dass man aus ihm schöne glitzernde Edelsteine schleifen kann. Der blaue Hauyn, der in den Bimssteinen der Eifel vorkommt, ist ein sehr begehrter Edelstein, der in geschliffener Form dem Saphir Konkurrenz machen kann.

Augit

Tuffabbau in der Eifel

Pegmatite sind besonders grobkörnige Ganggesteine. Sie enthalten oft Drusen, in denen schöne Kristalle gewachsen sind. Man findet Feldspat und Rauchquarz, aber auch Topas, Turmalin, Apatit und Beryll. Turmalin und Beryll bilden oft sogar eingewachsen schöne sammelnswerte Kristalle (siehe S. 25).

Achte in Granitsteinbrüchen besonders auf Gänge oder Bänder, die deutlich grobkörniger als das umgebende Gestein sind. Da Pegmatite für den Steinbruchbesitzer unbrauchbar sind, landet dieses Material oft auf den Abraumhalden. Halte dort besonders Ausschau!

Da jedes Gestein mindestens aus einer, meist aus mehreren Mineralarten besteht, sammelst du mit Gesteinen automatisch immer auch Mineralien. Porphyrische Gesteine – das sind Gesteine mit großen Kristallen in einer feinkörnigen Grundmasse – können große, gut ausgebildete Feldspat-Kristalle enthalten. Granit ist ein Beispiel für ein porphyrisches Gestein. In vulkanischen Gesteinen wie Tuff oder Bimsstein finden sich manchmal blauer Hauyn (sprich: hau-ün), große Sanidin- oder Augit-Kristalle. Meist ist das reine Gestein für den Mineraliensammler aber nicht so interessant.

Hauyn

Schöne Kristalle findest du eher in Gängen, die das Gestein durchziehen, in Spalten oder Rissen. Hohlräume sind besonders spannend, denn dort hatten die Kristalle Platz zum Wachsen. Wenn du also in den Bergen, an Felsen oder in Steinbrüchen Mineralien suchst, achte auf offene Risse im Gestein, »Klüfte« genannt. Auf den Kluftwänden könnten sich Kristalle gebildet haben.

In vulkanischen Gesteinen gibt es meist keine Risse, dafür aber Blasenhohlräume, die in der Lava von vulkanischen Gasen gebildet wurden. In diesen Drusen können Amethyst-Kristalle wachsen, manchmal sind sie auch ganz von Achat ausgefüllt.

Fluorit mit Baryt und Quarz

Abraum In Bergwerken werden Gänge oder Lager mit Erzmineralien abgebaut. Meist sind nur ganz wenige Mineralarten für den Bergmann interessant. Die meisten Mineralien der Gänge enthalten gar keine Metalle. In Hohlräumen bilden diese Gangartmineralien oft schöne Kristalle. Dieses Material, Abraum genannt, wird beim Abbau der Erzmineralien ausgesondert und auf große Haufen, die Halden, geworfen. Der Abraum ist für Mineraliensammler sehr spannend. Wenn du die Erlaubnis zum Durchsuchen der Halden bekommst, kannst du schöne Kristalle von Quarz, Schwerspat, Fluorit und vielen anderen Mineralien, oft auch in schönen Kombinationen, finden.

Vor dem Zweiten Weltkrieg, also bis in die 1930er-Jahre, wurde hierzulande noch viel mehr Bergbau betrieben. Heute bekommen wir den größten Teil unserer Erze aus dem Ausland. Halden des früheren Bergbaus gibt es aber noch in vielen Gegenden, z. B. im Erzgebirge, im Schwarzwald, im Harz oder im Siegerland in Deutschland, im Gebiet von Schwaz-Brixlegg in Tirol oder bei Herznach in der Schweiz. Die Halden liegen heute oft zugewachsen und versteckt im Wald, enthalten aber immer noch viele interessante Mineralien. So konnten Sammler in den 1980er-Jahren bei Wittichen im Schwarzwald Silberbrocken aus dem Abraum einer alten Grube bergen. Kleinere Stücke kannst du mit viel Glück auch heute noch finden.

Achate sind meist härter als das sie umgebende Gestein. Deshalb bleiben sie bei der Verwitterung übrig und können lose im Boden oder Schotter gefunden werden. Im Gebiet von Freisen im Saarland und bei Idar-Oberstein gibt es Felder, auf denen du nach dem Ackern Achate finden kannst. Meist sind es kleine zerbrochene Stücke, aber mit viel Glück ist auch einmal ein größerer ganzer Achat dabei.

Auf der Halde Haniel in Bottrop kannst du versteinerte Pflanzen aus dem Steinkohlezeitalter finden.

Hier wächst nicht nur Getreide: Dieser Bauer hat einen Achat »geerntet«.

Hoch hinaus!

Bergkristall ist eine Varietät des Quarzes. Er ist das Mineral, das jeder mit den Alpen verbindet. Schon zur Zeit der alten Römer wurden die großen, klaren Kristalle gesammelt, um sie zu Gefäßen zu verarbeiten oder sie in Tempeln zu Ehren der Götter aufzustellen. Die Griechen der Antike hielten den Bergkristall für Eis, das so stark gefroren war, dass man es auch im Feuer nicht mehr auftauen konnte. Heute kommen die meisten Bergkristalle, die man kaufen kann, aus Brasilien. Bergkristalle aus den österreichischen oder Schweizer Alpen sind viel seltener und deshalb auch viel wertvoller.

Bergkristall mit Calcit

Mineraliensuche in den Alpen

Für Sammler von Mineralien und Gesteinen sind die Alpen ein Paradies! An vielen Stellen liegt das Gestein frei. In Schutthalden und Bachbetten kannst du ganz einfach schöne Stücke finden. Dort gibt es nicht nur eine einzige Mineral- oder Gesteinsart. Ganz im Gegenteil: Die Vielfalt ist in den Alpen, besonders in den Zentralalpen, viel größer als anderswo.

Manche Mineralien findest du im Gestein eingewachsen. Da gibt es ganze Blöcke mit Granat-Kristallen, Strahlsteingarben, Magnetit-Kristallen, Pyrit-Kristallen oder Turmalinen. Dafür musst du gar nicht so hoch hinaufsteigen. Im Zillertal findest du kleinere Stücke oft schon in den Bächen neben dem Weg.

Alpine Klüfte Eine Besonderheit der Alpen sind die alpinen Klüfte. Das sind Risse und Hohlräume im Gestein, in denen Kristalle wachsen können. Die Klüfte sind bei der Auffaltung der Alpen entstanden, als das Gestein durch den hohen Druck gefaltet, zerrissen und zerbrochen wurde. Hier

Anatas-Kristall aus einer alpinen Kluft

findest du die schönsten Mineralien wie Rauchquarz und Bergkristall, Adular-Kristall, Titanit, Anatas, Rutil und Amethyst-Kristall. Du musst dafür aber schon etwas weiter ins Hochgebirge hinaufsteigen: Nur dort, wo keine Touristenwege hinführen, hat man Chancen, auf eine

Das Gipfelkreuz des Hohen Göll in den Berchtesgadener Alpen wird von einem wunderschönen Bergkristall geziert.

Die Sellagruppe in den Dolomiten ist aus Kalkstein aufgebaut.

noch nicht ausgeräumte Kluft zu stoßen. Dies gelingt meistens nur dem Strahler, wie man Sammler nennt, die das Suchen nach Mineralien professionell betreiben.

Aber du musst nicht enttäuscht sein, wenn du nur eine Kluft findest, die schon jemand ausgeräumt hat. Oft kannst du bei genauerer Suche in den übrig gelassenen Stücken noch schöne Kristalle finden, die für den Strahler zu klein waren oder die er übersehen hat. Deshalb solltest du immer genau nachschauen, auch wenn auf den ersten Blick nichts Interessantes zu finden ist. Es wurden schon ganz wertvolle Funde im Abfall alter Klüfte gemacht.

Smaragde Sogar Edelsteinfundstellen gibt es in den Alpen: In den Hohen Tauern im Habachtal in Österreich liegt die Smaragd-Lagerstätte an der Leckbachscharte. Dort sind schöne, oft ganz klare Smaragd-Kristalle, die

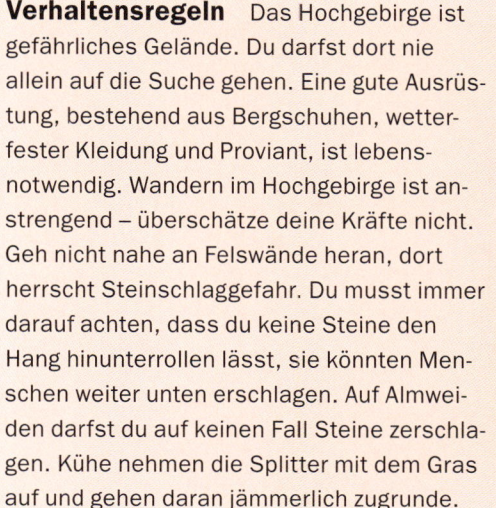

Smaragd-Kristall in Glimmerschiefer

auch zu Schmuck verarbeitet werden können, in Glimmerschiefer eingewachsen. Sie werden auch »Habachtaler« genannt.

In einem kleinen Bergwerk, das wegen seiner Gefährlichkeit nicht betreten werden darf, wurden früher Smaragde abgebaut. Im Schuttfeld davor, dem berühmten »Sedl«, kannst du mit viel Mühe und einer großen Portion Glück auch heute noch Smaragde finden.

Verhaltensregeln Das Hochgebirge ist gefährliches Gelände. Du darfst dort nie allein auf die Suche gehen. Eine gute Ausrüstung, bestehend aus Bergschuhen, wetterfester Kleidung und Proviant, ist lebensnotwendig. Wandern im Hochgebirge ist anstrengend – überschätze deine Kräfte nicht. Geh nicht nahe an Felswände heran, dort herrscht Steinschlaggefahr. Du musst immer darauf achten, dass du keine Steine den Hang hinunterrollen lässt, sie könnten Menschen weiter unten erschlagen. Auf Almweiden darfst du auf keinen Fall Steine zerschlagen. Kühe nehmen die Splitter mit dem Gras auf und gehen daran jämmerlich zugrunde.

Vorsicht: Steinschlag!

Diese Abbildung zeigt die Kristallsuche am Montblanc vor rund 150 Jahren.

Vom Hoffnungsbau zum Milliardengeschäft

Die Suche nach Erzen

Noch viel intensiver als Edelsteine werden überall auf der Welt Erze gesucht und abgebaut. Genau genommen sind sie nämlich viel wertvoller als die Edelsteine und wichtiger als Rubin oder Saphir. Ohne diese schönen Steine könnten wir leben. Würden uns aber die Metalle fehlen, hätten wir Menschen große Schwierigkeiten. Stell dir nur einmal vor, wie es wäre, wenn wir kein Eisen hätten. Das würde bedeuten: keine Autos, keine Eisenbahnen, keine Hochhäuser, keine großen Brücken – und auch kein Messer, um deine Pizza zu schneiden. Ohne Metalle gäbe es natürlich auch keinen Computer, keine Spielekonsole, kein Kino und kein Fernsehen.

Im Wandel der Zeit Anfangs bauten die Menschen nur die Erze ab, die sie an der Oberfläche fanden. Als diese zur Neige gingen, folgte man den Erzgängen in die Tiefe. Manchmal führte der Gang dann plötzlich keine Erze mehr. Der Bergmann sagt dazu: Der Gang wird taub. In diesem Fall musste man in der Tiefe nach neuen Erzgängen suchen. Dieses Vorgehen wird »Hoffnungsbau« genannt, weil die Bergleute hofften, wieder etwas zu finden. Da kam es dann auf ihr Gespür an, in der richtigen Richtung und an der richtigen Stelle zu suchen.

Heute gibt es viel mehr und auch modernere Möglichkeiten, nach Erzen zu suchen, aber es wird auch immer schwieriger und damit teurer. Die leicht auffindbaren Erze sind bereits abgebaut. Heute müssen die großen Bergbauunternehmen nach Erzvorkommen suchen, die sich tief unter der Erdoberfläche befinden und die keine Anzeichen an der Oberfläche hinterlassen haben.

Dieses mittel- alterliche Berg- werkspanorama zeigt den Abbau von Erzen vor mehr als 500 Jahren.

Im 19. Jahrhundert wurden bei der Erzförderung unter Tage Grubenponys eingesetzt.

Moderne Erzabbaue sind riesengroß. Häufig gräbt man auch keine Stollen und Tunnel mehr in den Berg, sondern entfernt die Überdeckung an tauben Gesteinen, bis man an das wertvolle Erz kommt. Dieses Verfahren wird »Tagebau« genannt. Die Kupfermine von Chuquicamata in Chile (Foto) ist heute ein Trichter von etwa 4 Kilometern Durchmesser und einem Kilometer Tiefe. Natürlich kann man solche riesigen Löcher nur in Gegenden in die Erde graben, die nur wenig oder gar nicht besiedelt sind.

Stell dir einmal vor, man würde so ein großes Loch mitten in Deutschland graben!

Der Eiserne Hut Dort, wo eine Ganglagerstätte noch bis an die Erdoberfläche reicht, ist sie im Vergleich zu dem Teil in der Tiefe in ihrem Aussehen und Mineralgehalt stark verändert. Man nennt diesen Bereich die Oxidationszone, weil die Erzmineralien durch den Kontakt mit dem Sauerstoff der Luft oxidiert sind (siehe S. 16). Am häufigsten im Gang ist dann das braune Eisenmineral Limonit. Deshalb nennt man diesen Bereich der Lagerstätte auch Eisernen Hut, weil er wie ein Hut aus Eisenmineralien oben auf dem Gang sitzt. Mit ihm verwachsen oder in seinen Höhlungen gewachsen findet man viele bunte Oxidationsmineralien wie z. B. Malachit, Azurit, Wulfenit, Vanadinit, Zinkspat und viele andere. Einige der Mineralien, die in der Oxidationszone insbesondere von Kupferlagerstätten vorkommen, können sogar zu Schmuckzwecken verschliffen werden. Neben dem am weitesten verbreiteten Malachit sind dies Chrysokoll, Azurit und Türkis.

Direkt unter dem Eisernen Hut liegt die sogenannte Zementationszone. Alle wertvollen Metalle, die aus dem Eisernen Hut kommen, konzentrieren sich dort. Sie werden ausgefällt und bilden besonders reiche Erze. In den Erzlagerstätten in Mitteleuropa wurde die Zementationszone meist schon im Mittelalter abgebaut.

Moderne Suchmethoden Lagerstättensuche, man sagt dazu Prospektion, ist heute eine Hightech-Angelegenheit. Dazu vermisst man die Anziehungskraft der Erde vom Flugzeug aus. Dort, wo sich viele schwere Erzmineralien in der Tiefe befinden, ist die Anziehungskraft der Erde etwas stärker als sonst. Hat man dann schon einen Verdacht, schickt man schwache künstliche Erdbebenwellen durch die Erdkruste. Dort, wo sie auf dichtere Erzmassen stoßen, werden sie abgelenkt, und das kann man messen. Um festzustellen, wie viel Erz da ist, was es für ein Erz ist und ob es überhaupt brauchbar ist, sind viele, oft kilometertiefe Suchbohrungen nötig. Das alles ist nicht billig und es kann viele Millionen kosten, bis auch nur das erste Stückchen Erz abgebaut ist.

Grün gefärbte Oxidationszone einer Kupfermine in Arizona, USA

Violetter Zinkspat, auch Smithsonit genannt

Der Silberne Tisch Im Sächsischen Erzgebirge fand man im Mittelalter große Mengen an gediegenem, also besonders edlem Silber. Berühmt ist der Silberne Tisch, ein großer Block aus Silber und Silbermineralien, der 1499 in einem Bergwerk in Schneeberg gefunden wurde. Herzog Albrecht von Sachsen ließ den Block vor der Verarbeitung freilegen und benutzte ihn als Tisch für ein unterirdisches Mahl mit seinen Gefolgsleuten. Danach konnte er sagen: Kein König und Kaiser der Welt hat je an einem so wertvollen Tisch gespeist.

Mit der Grubenbahn in den Stollen

Einfahrt mit der Grubenbahn ins Salzbergwerk Berchtesgaden

Die Werkzeuge des Bergmanns sind einerseits Hilfsmittel bei der Arbeit unter Tage, andererseits können sie vor Gefahren warnen und sogar Leben retten. Die Grubenlampe hilft dem Bergmann, im finsteren Stollen etwas sehen zu können. Früher verwendete man Kienspäne, dann kleine Öllampen, die wegen ihrer Form »Frösche« genannt wurden. Später hatten die Bergleute gasbetriebene Lampen. Sie dienten auch zum Schutz des Bergmanns. Veränderte sich die Flammenfarbe in der Lampe, wusste er, dass es weniger Sauerstoff gab und er schleunigst an die Oberfläche musste. Zudem hatte jeder Bergmann als Abbauwerkzeuge Schlägel und Eisen dabei. Sie sind auch heute noch die Wahrzeichen des Bergbaus. Außerdem braucht der Bergmann je nach Bergwerkstyp eine bestimmte Arbeitskleidung sowie – ganz wichtig – einen Schutzhelm, ohne den man ein Bergwerk nicht betreten darf.

Ein Besuch im Bergwerk

Wolltest du auch schon einmal selbst Bergmann sein? Natürlich kannst du nicht mal eben für einen Tag im Bergwerk arbeiten, denn die Arbeit ist viel zu anstrengend und will gelernt sein. Du hast aber hierzulande trotzdem die Möglichkeit, ganz unterschiedliche Bergwerke zu besuchen. Meist handelt es sich um Schaubergwerke, also Bergwerke, die früher einmal in Betrieb waren und heute stillgelegt sind. Stillgelegt wird ein Bergwerk immer dann, wenn es sich nicht mehr lohnt, weiter abzubauen, wenn also nicht mehr genug wertvolles Erz, Salz oder Kohle vorhanden ist.

Im Salzbergwerk Ein bekanntes Schaubergwerk ist das Salzbergwerk in Berchtesgaden. Bevor du hier in den Berg »einfährst«, wie der Bergmann sagt, wirst du auch angezogen wie ein Bergmann, d. h., du bekommst einen Umhang, einen Helm und Gummistiefel. Im Berg kann es von der Decke tropfen und der Boden kann nass und rutschig sein – deswegen der Umhang und die Gummistiefel. Teilweise sind die Gänge oder Stollen, durch die man unter Tage läuft, etwas eng und niedrig. Der Helm verhindert, dass du dir den Kopf anstößt. Und er schützt dich vor Steinen, die von der Decke fallen können.

Glück auf, Glück auf, der Steiger kommt!
Aus dem *Steigerlied*

Besonders schön im Berchtesgadener Salzbergwerk ist, dass du mit der Grubenbahn in den Berg einfährst. An-

Bei Bergwerksführungen muss jeder Schutzkleidung tragen.

schließend gelangst du über Rutschen in die Tiefe und es gibt sogar einen kleinen Salzsee, den du mit einem großen Floß überqueren darfst. Überall an den Wänden glitzern die Salz-Kristalle. Du kannst das Salz schmecken, wenn du etwas von der Wand kostest.

Nach dem Besuch des Salzbergwerks kannst du dir das dazugehörige Museum anschauen sowie die Saline (eine Anlage zur Salzgewinnung) in Bad Reichenhall. Dort siehst du, wie das Salz aus dem Berg zu Speisesalz verarbeitet wird, das schließlich in deinem Essen landet.

Erzbergwerke   Hat dir die Reise in den Berg Spaß gemacht? Du kannst noch viele weitere Bergwerke besuchen, z. B. die Grube Fischbach in Rheinland-Pfalz, ein Erzbergwerk in der Nähe der Stadt Idar-Oberstein. Hier wurde bereits im Jahre 1544 Kupfer abgebaut. In den Berg gelangst du über einen kleinen Eingangsstollen. Beeindruckend in Fischbach sind die großen »Weitungen«. Das sind riesige Abbauhohlräume, an deren Decken die Reste der ehemals abgebauten Erzmineralien leuchten.

Ein weiteres sehr schönes Besucherbergwerk ist die Silbergrube »Alte Elisabeth« in Freiberg. Hier gelangst du über einen Aufzug und ein Gangsystem in eine Tiefe von ca. 700 Metern. Insgesamt könntest du in dem weitverzweigten Stollensystem eine Strecke von rund 17 Kilometern unter Tage zurücklegen.

Dann viel Spaß unter Tage und Glück auf!

Der unterirdische Salzsee im Salzbergwerk Berchtesgaden

Die heilige Barbara gilt als Schutzheilige der Bergleute. Ihr Namenstag ist der 4. Dezember. An diesem Tag feiern viele Bergleute, aber auch Geowissenschaftler das Barbarafest. Wahrscheinlich wurde die heilige Barbara zur Schutzheiligen der Bergleute, da sie sich der Legende nach in einem Berg versteckte, der sich öffnete und sie verbarg, als man sie töten wollte. Auch in Besucherbergwerken kannst du unter Tage immer wieder Schreine mit einer Statue der heiligen Barbara finden.

Hüttensau und Grubenhunt
Bergleute haben ihre eigene Sprache. Sie begrüßen sich z. B. mit »Glück auf!« Der Wagen, mit dem der Bergmann das Erz transportiert, heißt Grubenhunt. Der Bergmann geht auch nicht, sondern er fährt, auch wenn er das zu Fuß macht. Die Leiter, auf der er in das Bergwerk hinuntersteigt, nennt er deshalb auch die Fahrte. Das Werkzeug, das er mit sich führt, ist das Gezähe und der Lederschurz, den er zum Schutz umgebunden hat, heißt Arschleder. Und die Hüttensau? Das ist die eisenhaltige Schlacke, die bei der Verhüttung, also dem Ausschmelzen des Metalls aus dem Eisenerz, übrig bleibt.

Bergmann nach der Schicht im Kohlebergwerk Hamm-Ost

Kanarienvögel reagieren sehr empfindlich auf Veränderungen der Luft. Deshalb wurden sie von den Bergleuten früher als Alarmanlagen eingesetzt, um vor giftigen Gasen zu warnen.

Sphalerit
(Zinkblende)
Var. Rubinblende

ded.
Hünchen

1845
Bournonit
sehr große Kristalle

Probe-Nr.
13236
IV/19 H

Mp-G 18/73 V/10/1 2350

Mineraliensammlung an der Universität Jena. Alle Mineralien sind in Kästchen mit einer Sammlungskarte untergebracht.

Deine eigene Sammlung

Möchtest du Mineralien und Gesteine selbst sammeln, musst du dorthin gehen, wo sie frei an der Oberfläche liegen. Das ist z. B. im Gebirge, an Schutthalden und in Bachbetten von Gebirgsbächen der Fall. Auch die Kiesbänke von Flüssen enthalten oft interessante Gesteine und Mineralien, die du ganz einfach sammeln kannst.

Andere lohnenswerte Stellen befinden sich dort, wo die Erde aus den verschiedensten Gründen künstlich aufgerissen wurde: In Steinbrüchen, bei Straßen- und Tunnelbauten und in Bergwerken werden große Mengen an Gestein abgebaut und wegtransportiert. Hier sind die Möglichkeiten, Gesteine, Mineralien und Kristalle zu finden, besonders gut.

Während das Suchen in aktiven Steinbrüchen und Bergwerken gefährlich und oft verboten ist, gibt es in Deutschland, Österreich und der Schweiz viele Stellen, die speziell zum Sammeln hergerichtet sind. In Sammlersteinbrüchen und auf Sammlerhalden kannst du gegen eine geringe Gebühr hämmern, buddeln, graben und die schönsten Gesteine und Mineralien finden, ohne großen Gefahren ausgesetzt zu sein – wenn du die gegebenen Sicherheitsvorkehrungen einhältst!

In diesem Kapitel wird erklärt, wie du deine eigene Mineraliensammlung aufbauen kannst: wo und wie du am besten suchst, welche Werkzeuge du brauchst und wie du dich vor Gefahren schützt. Du erfährst auch, wie du deine Funde reinigst, aufbewahrst und in einer schönen Sammlung präsentierst. Das reicht dir noch nicht? Dann lies auf S. 58/59 nach, in welchen Berufen du dich später noch viel mehr mit Gesteinen und Mineralien beschäftigen kannst.

Die richtige Ausrüstung

Die Halde Lydia bei Fischbach-Camphausen im Saarland ist bei Fossilien- und Mineraliensammlern beliebt.

Billig ist nicht gleich gut! Der Plastikgriff billiger Hämmer enthält oft giftige Chemikalien. Man kann sie sogar riechen. Werkzeuge, deren Griff intensiv nach Chemie riecht, solltest du nicht kaufen. Hämmer mit Stahlstiel sind ohnehin viel robuster und du hast länger etwas davon. Also lieber etwas mehr Geld für giftfreies Werkzeug ausgeben!

Genau hingeschaut: Granatsuche in Kärnten

Checkliste Ein richtiger Sammler braucht auch das richtige Werkzeug. Hier kannst du nachprüfen, ob deine Ausrüstung vollständig ist:

☐ Hammer, ca. 500 Gramm
☐ Fäustel, 1–2 Kilogramm
☐ Flachmeißel und Spitzmeißel
☐ Klappspaten
☐ Schutzbrille und -helm
☐ Arbeitshandschuhe
☐ Materialien zum Verpacken
☐ Mineralienkitt
☐ Obststeige oder Kiste
☐ Rucksack
☐ Lupe
☐ Fläschchen mit Salzsäure

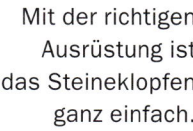

Werkzeug und Schutzkleidung

Wenn du Mineralien oder Gesteine sammeln möchtest, brauchst du als Erstes die richtige Ausrüstung. Man kann zwar Riesenglück haben und einen Kristall einfach so auf der Erde finden, darauf warten solltest du aber nicht. Meist muss man den Fund erst ausgraben, herausschlagen und präparieren.

Du benötigst einen normalen **Hammer** (etwa 500 Gramm schwer) zum Zerschlagen von kleinen Stücken und zur feineren Meißelarbeit. Für gröbere Arbeiten eignet sich ein handelsüblicher **Fäustel.** Je nachdem, wie groß und stark du bist, sollte er ein Gewicht von 1–2 Kilogramm haben. Am besten lässt du dich im Fachhandel beraten. Außerdem brauchst du verschiedene **Meißel:** Flachmeißel und Spitzmeißel. Du benötigst mindestens einen großen für die Grob- und einen kleinen für die Feinarbeit. Zur Suche auf alten Halden eignen sich ein **Klappspaten** und ein weiterer Hammer mit möglichst breiter Schneide.

Damit deine Augen nicht durch Splitter verletzt werden, solltest du bei der Arbeit mit Hammer und Meißel immer eine **Schutzbrille** tragen. Im Steinbruch ist auch ein **Schutzhelm** gegen Steinschlag wichtig. Oft darf man den Steinbruch ohne eine solche Ausrüstung gar nicht betreten. Wichtig sind auch **Arbeitshandschuhe.** Die bekommst du im Baumarkt. Sie schützen die Hände vor Verletzungen. Besonders beim Schlagen von Gesteinshandstücken (siehe S. 55) hält man das zu bearbeitende Stück am besten in der Hand. Und ohne feste Handschuhe tut das sehr weh.

Mit der richtigen Ausrüstung ist das Steineklopfen ganz einfach.

Um die gefundenen Stücke sicher nach Hause zu transportieren, brauchst du **Verpackungsmaterial**: Zeitungspapier für weniger empfindliche, weiches Papier oder Schaumstoff für zerbrechliche Stücke, Tütchen oder Döschen und **Mineralienkitt** für kleine Funde, die sonst leicht verloren gehen. Wenn du dich bis zum Fundort fahren lassen kannst, ist eine **Obststeige** oder **Kiste** zur Aufnahme der Funde viel besser geeignet als ein **Rucksack**, auf den du bei längerem Anmarsch aber nicht verzichten kannst.

Oft sind gerade die interessantesten Mineralien so klein, dass man sie nur mit der **Lupe** richtig erkennen kann. Deshalb solltest du immer eine dabeihaben. Auch wenn du Gesteine sammelst, kann eine Lupe von Nutzen sein, denn mit ihr kannst du auch bei feinkörnigen Gesteinen die einzelnen Bestandteile erkennen.

Zur Unterscheidung von Kalkstein und anderen Gesteinen ist ein kleines **Fläschchen mit Salzsäure** (gibt es im Fachhandel) hilfreich. Bereits mit einem kleinen Tropfen braust Kalkstein heftig auf. Andere Gesteine tun das nicht. Aber Achtung! Salzsäure ist stark ätzend und darf nicht auf die Haut oder gar in die Augen gelangen. Am besten lässt du dir dabei von einem Erwachsenen helfen.

Auf zu neuen Sammelstellen! Wanderer am Hohen Ifen in den Allgäuer Alpen

Schon ein einziger Tropfen Säure genügt, um Kalkstein zum Brausen zu bringen.

Erste Orientierung Orientiere dich am Fundort am besten zuerst einmal an den Stellen, wo schon andere geklopft oder gegraben haben. Oft haben Sammler vor dir Stücke, die sie nicht brauchen konnten, an einer Stelle zusammengelegt. Dort kannst du sehen, was es zu finden gibt und worauf du zu achten hast. Vielleicht entdeckst du auch gleich noch ein brauchbares Stück. Wenn du die Fundstelle verlässt, mach es wie dein Vorgänger und lege alle Stücke wieder an einer Stelle zusammen – der nächste Sammler wird sich freuen!

Auf Sammeltour nach Mineralien

In Büchern und Zeitschriften findest du viele Informationen über Mineralien und ihre Fundstellen.

Geotope laden auch zu Freizeitaktivitäten ein: Granitwände wie diese im Joshua Tree Nationalpark in Kalifornien sind bei Freikletterern besonders beliebt.

Gut geplant ist halb gefunden

Wenn du auf Mineraliensuche gehen möchtest, solltest du deine Sammeltour gut vorbereiten. Informationen über Fundorte findest du in Fundstellenführern, die du im Buchhandel kaufen kannst, in Zeitschriften für Mineraliensammler und im Internet. Wenn du im Suchprogramm einfach eine Region oder einen Ort und das Stichwort »Mineraliensammeln« eingibst, wirst du in der Regel schnell fündig. Der Vorteil daran ist, dass diese Informationen meist recht aktuell sind.

Sammelbeschränkungen Du darfst nicht überall sammeln, wo du gerade willst. Es ist wichtig, sich schon bei der Planung einer Tour über Sammelbeschränkungen und -verbote zu informieren, damit du keine Schwierigkeiten bekommst.

In Deutschland und Österreich ist in bestimmten Gebieten wie Nationalparks, Naturschutzgebieten und geschützten Geotopen das Abbauen von Mineralien mit Werkzeugen eingeschränkt oder auch ganz verboten. Auskunft über solche Beschränkungen geben die Gemeinde- oder Fremdenverkehrsämter der Region, in Deutschland auch die jeweiligen Geologischen Landesämter der Bundesländer.

In vielen Gebieten der Schweiz ist das Mineraliensammeln nur mit Erlaubnisschein möglich. Du kannst dich bei der jeweiligen Gemeinde danach erkundigen. Oft kann man einen recht günstigen Erlaubnisschein für einen Tag erwerben. Das Gleiche gilt für Südtirol, wo die Sammelerlaubnis beim Landesverband der Mineralien- und Fossiliensammlervereine beantragt werden muss (www.mineralien-suedtirol.it). Erteilt wird die Erlaubnis allerdings nur, wenn man Mitglied in einem Mineraliensammlerverein ist.

Findlinge sind riesige Steinbrocken, die während der Eiszeit vom Eis über weite Strecken transportiert wurden.

Erst fragen, dann sammeln Auch wenn es keine allgemeinen Sammelbeschränkungen gibt, musst du bedenken, dass Fundorte oft auf Privatgrund liegen. Vergiss nicht, den Besitzer oder Steinbruchsleiter um eine Erlaubnis zu bitten. Wenn du an arbeitsfreien Tagen suchst, behinderst du die Arbeiter nicht und wirst von ihnen auch nicht bei deiner Sammeltätigkeit gestört. Trotzdem brauchst du auch dann eine Erlaubnis zum Betreten der Fundstelle. Bei Bergwerken ist es manchmal sogar an Arbeitstagen möglich, mit Erlaubnis zu sammeln. Informiere dich möglichst schon im Voraus über solche Gelegenheiten.

Auch wenn es keine offensichtlichen Verbote gibt und die Fundstelle frei zugänglich ist, solltest du einiges beachten: Gegen einfaches Absammeln an der Oberfläche wird kaum jemand etwas haben. Problematisch wird es immer dann, wenn du Blöcke zerschlägst oder Löcher gräbst, wie es gerade auf alten Halden oft nötig ist.

Ideal ist es natürlich, wenn dir ein erfahrener Sammler, der die Fundstellen gut kennt, alles zeigen und dir Tipps geben kann. Die meisten Mineraliensammlervereine haben Kinder- und Jugendgruppen, die geführte Sammeltouren unternehmen. Vielleicht gibt es solch einen Verein auch in deiner Nähe.

Denk mit! Steinbrüche, Bergwerkshalden und viele andere Fundstellen sind Privatbesitz. Vor dem Betreten muss immer um Sammelerlaubnis gefragt werden! Verlasse die Fundstelle so, wie du sie vorgefunden hast. Schließe die gegrabenen Löcher wieder, beschädige keine Bäume oder Pflanzen und nimm deine Abfälle wie z. B. leere Flaschen wieder mit. Arbeite immer umweltschonend. Der beste Sammler ist der, dessen Anwesenheit man hinterher nicht mehr erkennt.

Vorsicht ! Sprengarbeiten !

Geotope sind Landschaften oder Teile von Landschaften, die wegen ihrer besonderen geologischen Bedeutung unter Schutz gestellt werden. Geotope können recht klein sein, wie z. B. ein besonderer Findlingsstein oder ein Gletscherschliff, aber auch viel größer, wie z. B. die Osterseen in Oberbayern, die in der letzten Eiszeit vor 10 000 Jahren entstanden sind. Aber auch ehemalige Steinbrüche können, wegen der Seltenheit der dort vorkommenden Mineralien oder Fossilien, als Geotop unter Schutz gestellt werden. Ein Beispiel ist die Ziegeleiton-Grube Vorhalle-Hagen, in der fossile Spinnen aus der Zeit der Steinkohlenwälder vor 300 Millionen Jahren gefunden wurden. So gut erhalten gibt es sie sonst nirgendwo auf der Welt.

Oben: Basaltsäulen am Hirtstein im sächsischen Erzgebirge
Unten: Der Antelope Canyon in Arizona wurde in Jahrmillionen durch Wind und Wasser aus rotem Sandstein herausgeschliffen.

Gesteine sammeln

Deine Gesteinssammlung muss nicht 1000 Stücke umfassen, um vorzeigbar zu sein. 200 verschiedene Stücke sind schon eine richtig fortgeschrittene Sammlung.

Gesteinsfundstellen Es gibt viele Bücher über Mineralienfundstellen, aber kaum welche für Gesteine. Wenn du auf die Suche nach besonderen Gesteinen gehen möchtest, solltest du am besten geologische Karten studieren. In ihnen sind alle in einer Region vorkommenden Gesteine eingetragen. Gut geeignet sind auch geologische Führer in Buchform. In ihnen sind Stellen (der Geologe sagt »Aufschlüsse«) beschrieben, an denen man den geologischen Aufbau eines Gebiets und seine Gesteine besonders gut erkennen kann.

Fundstücke, wohin du schaust!

Das Sammeln von Gesteinen ist sowohl einfacher als auch schwieriger als das Sammeln von Mineralien. Einfacher, weil Gesteine, also große geologische Körper, meist leichter zu finden sind als winzige Kristalle. Schwieriger, weil du die meisten Stücke wirklich selbst sammeln musst, da Sammlungsstücke von Gesteinen kaum zu kaufen sind. Das Schöne ist, dass es Gesteine überall gibt. Du kannst bei jedem Spaziergang und auf allen Wanderungen und Reisen fündig werden. Eine solche Sammlung ist oft viel interessanter als eine in Geschäften und auf Börsen zusammengekaufte Mineraliensammlung. Gesteine zu sammeln ist auch viel billiger: Wegen des geringen Angebots kann man gar nicht viel Geld ausgeben.

Die richtige Größe Gesteine werden meist in sogenannten Handstücken gesammelt. Das sind »handliche« Stücke in einer Größe, die in der Regel ausreicht, um das Typische des Gesteins gut erkennen zu können. Dabei darf das Gesteinsstück nicht schon durch Verwitterung verändert worden sein, sondern muss »frisch« sein. Bei grobkörnigen Gesteinen, etwa Pegmatiten oder manchen Graniten, reicht die Handstückgröße nicht aus, um das typische Aussehen des Gesteins ganz darzustellen. Da muss das Sammlungsstück dann größer sein.

Wenn du eine Gesteinssammlung angehst, solltest du vorab überlegen, wo du sie bei dir zu Hause unterbringen kannst. Gesteine kann man nicht in Form von kleinen Stückchen sammeln, deshalb braucht man dafür Platz.

Auch wenn die Gesteinshandstücke groß sind, brauchst du für die Geländearbeit eine Lupe. Für zu Hause ist ein Stereomikroskop ideal. Viele Gesteinsbestandteile, die für die Bestimmung wichtig sind, sind so klein, dass man sie nur mit entsprechender Vergrößerung erkennen kann.

Besondere Sammlungsstücke Interessant, wenn auch schwieriger, ist das Sammeln von schönen Fältelungen in Sedimentgesteinen und metamorphen Gesteinen. Wenn sie klein genug sind, kannst du solche Strukturen in Gesteinshandstücken sammeln. Eine »Faltensammlung« ist etwas ganz Besonderes und kann auch den Fachmann richtig beeindrucken.

Auch Einschlüsse von Fremdgesteinen (z. B. in Graniten und Vulkaniten) oder besondere Schichtstrukturen in Sedimentgesteinen wie etwa Schieferungen, Verkittungen von Rissen, Kreuzschichtungen oder Wellenrippeln sind eine Suche wert.

Gefalteter Gneis

In bestimmten Gebieten, z. B. im Alpenvorland oder an der Ostseeküste, kannst du Gesteine auch in Form abgerundeter Kieselsteine sammeln. Solch eine Kieselsteinsammlung sieht besonders hübsch und interessant aus.

Handstücke schlagen Es ist gar nicht so einfach, ein rechteckiges Stück in den passenden Maßen aus einem Gesteinsbrocken zu schlagen. Es erfordert viel Übung und wer es schon beim ersten Mal schafft, ist ein richtiges Naturtalent. Zuerst suchst du ein passend großes Gesteinsstück. Darauf zeichnest du die ungefähre Form an: ein Rechteck von 7 x 9 bis 9 x 12 Zentimetern Größe. Dann entfernst du das überflüssige Gestein mit vorsichtigen Hammerschlägen. Dabei darfst du nicht zu große Stücke abschlagen, denn sonst springt der Stein vielleicht in der Mitte und wird unbrauchbar.

Dünnschliffe Bei der Dünnschliffmethode werden Gesteinsplättchen hergestellt, die so dünn geschliffen sind, dass man wie beim Butterbrotpapier eine Zeitung durch sie lesen kann. Profisammler fertigen die Dünnschliffe selbst an und sammeln sie. Die Geräte zum Herstellen der Schliffe und das zum Betrachten notwendige Mikroskop sind aber sehr teuer.

Vulkanisches Gestein im Dünnschliff

An Kiessträndchen kannst du oft besonders interessante Gesteine sammeln.

Wo geht's lang? Mit einer geologischen Karte findet man die besten Aufschlüsse und Gesteinsvorkommen.

Der Aufbau einer Sammlung

In Feriengebieten wie hier auf Lanzarote kann man oft günstig Mineralien kaufen.

Quarz kommt in den verschiedensten Ausbildungen vor.

Die Anschaffung eines Stereomikroskops bedeutet eine einmalige größere Ausgabe, die sich aber sehr lohnt!

Auswahl und Aufbewahrung

Am Anfang deiner Sammeltätigkeiten bringst du wahrscheinlich jedes erreichbare Stück mit nach Hause. Bald aber wird die Zahl deiner Mineralien und Gesteine so angestiegen sein, dass du dir Gedanken darüber machen musst, was genau du nun sammeln möchtest, »in welche Richtung« deine Sammlung also gehen soll.

Eine systematische Sammlung, kurz als Systematik bezeichnet, ist am umfassendsten. Sie sollte möglichst alle bekannten Mineralien enthalten. Das kann aber keiner erreichen. Eine vollständige Systematik gibt es selbst in Museen und an Universitäten nicht. Eine Sammlung mit mehr als 1000 der weit über 4000 bekannten Mineralien ist schon als sehr gut zu bezeichnen, zumal pro Jahr weltweit etwa 30 neue Mineralarten beschrieben werden.

Spezialsammlungen Leichter ist Vollständigkeit zu erreichen, wenn du dir Spezialsammlungen anlegst, also Sammlungen, die sich nur mit einem Teil der großen Vielfalt an Mineralien befassen. Besonders lohnende Gebiete für Spezialsammlungen sind z. B. die Kupferoxidationsmineralien oder die Mineralien alpiner Klüfte, aber auch Zwillinge oder verschiedene Ausbildungen eines einzigen Minerals wie des Quarzes oder des Fluorits. Besonders schön, allerdings mit großem finanziellem Aufwand verbunden, ist das Sammeln von Edelsteinmineralien in ihrer rohen und geschliffenen Form.

Die sogenannte Lokalsammlung enthält die Mineralien eines einzigen Fundorts oder Fundgebiets. Vielleicht versuchst du einmal, alle Mineralien einer bestimmten Region oder einer bestimmten Fundstelle in deiner Nähe zu sammeln.

Stufengröße Damit deine Sammlung schön aussieht, sollten die Stufen einigermaßen gleich groß sein. Großstufen von mehr als 15 × 20 Zentimetern Größe zu sammeln, kann sich kaum jemand leisten, weder finanziell noch räumlich. Einen guten Kompromiss stellen die Größen zwischen 5 × 7 Zentimetern und 9 × 12 Zentimetern dar. Diese Stücke sind gerade so groß, dass sie nicht zu teuer sind und auch nicht zu viel Platz wegnehmen.

Eine besondere Art des Sammelns ist das Sammeln von Micromounts, die eine maximale Größe von 2 × 2 Zentimetern haben. Der Vorteil dieser »Stüfchen« ist, dass sie weniger Platz beanspruchen und viel billiger sind als größere Exemplare. Wenn du Micromounts zum ersten Mal mit dem Stereomikroskop betrachtest, tut sich eine Welt auf, deren Schönheit du vorher nicht einmal geahnt hast.

Die Aufbewahrung der Stufen erfolgt am besten in Kästchen aus Plastik, die in vielen Mineralienhandlungen erhältlich sind. Pappschächtelchen sind kaum günstiger und längst nicht so stabil. Kaufe nur Kästchen, mit denen du den bei dir vorhandenen Platz möglichst ohne Raumverlust ausnutzen kannst. Da dies umso schwieriger ist, je mehr verschiedene Größen du verwendest, solltest du dich auf zwei oder drei Größen beschränken.

In das Kästchen legst du ein Etikett, auf dem Name, Sammlungsnummer und Fundort des Minerals verzeichnet sind. Zum Schutz des Etiketts kommt ein durchsichtiges Kunststoffblättchen darüber und darauf die Stufe. Die Mineralnummer musst du unbedingt fest an der Stufe anbringen, damit auch beim Herausnehmen mehrerer Stücke keine Verwechslungen passieren können. Einen Sonderfall stellen die Micromounts dar. Sie werden mit Mineralienkitt in kleine Schächtelchen geklebt. Die Etiketten werden dann auf das Schächtelchen geklebt.

Winzige Kristalle (hier: Wulfenit) werden als Micromount mit Mineralienkitt im Kästchen fixiert.

Dieser große Pyrit-Kristall wäre für eine Sammlung in deinem Zimmer wohl weniger geeignet.

Gut beschriften! Es ist ganz wichtig, dass du zu jedem Mineral oder Gestein den genauen Fundort aufschreibst. Ohne ihn ist das Stück wertlos. Um was für ein Mineral es sich handelt, kann man immer wieder neu bestimmen. Ist die Fundortangabe aber einmal verloren, lässt sich das nie wieder herausfinden.

Ein leidenschaftlicher Sammler braucht viel Platz für seine Funde …

Das Hobby zum Beruf machen

Höchste Gefahrenzone: Dieser Vulkanologe entnimmt eine Lavaprobe am Ätna auf Sizilien.

Arbeiten mit der Natur Die Natur ist für den Geowissenschaftler ein großes Informationsreservoir. Es ist also wichtig, die Natur ganz genau zu beobachten. Dann kann man Prozesse und Eigenschaften, die man z. B. in Mineralien entdeckt, auf Erfindungen übertragen, die für uns Menschen nützlich sind. Schon gewusst? Batterien, Fotozellen, Cerankochfelder, Waschmittel – all diese Dinge haben Vorbilder in der Natur!

Ein weiterer Aspekt, der immer wichtiger wird, ist das Recycling. So versucht man, aus Müll wertvolle Rohstoffe zurückzugewinnen, um diese erneut verwenden zu können. Das schont die Natur. Und ihre Erhaltung ist für uns Menschen lebenswichtig! Mineralogen erforschen z. B., wie man aus Schlacken, die bei der Müllverbrennung entstehen, Metalle wie Blei und Zink herauslösen und wiederverwenden kann.

Mineralogen beschäftigen sich mit der chemischen Zusammensetzung, der Klassifikation und der Entstehungsgeschichte der Mineralien sowie mit ihrem Vorkommen in der Natur und der Vergesellschaftung (dem »Zusammen-Vorkommen«) mit anderen Mineralien. Mineralogen sind aber auch Materialwissenschaftler, d. h., sie untersuchen die technische und wirtschaftliche Verwendung von Mineralien oder ihre synthetische, also künstliche, Herstellung.

Ein künstlicher Fluorit-Kristall

Die Arbeit der Geowissenschaftler

Du findest Mineralien und Gesteine ganz besonders faszinierend? Dann möchtest du dich vielleicht auch in deinem späteren Berufsleben damit beschäftigen! Geowissenschaftler haben Mineralogie oder Geologie studiert und üben nach dem Studium vielfältige und interessante Tätigkeiten aus. Sie können sich auf einzelne Fachbereiche spezialisieren: auf Vulkanismus, Meteoritenforschung, Erdbebenforschung, Meeresbodenkunde, Erdölerschließung und vieles mehr.

Auf Forschungsreisen All diese Berufe haben gemeinsam, dass die Wissenschaftler oft sehr viel unterwegs sind, um Mineral- und Gesteinsproben im Gelände einzusammeln. Meist ist das Einsammeln von Steinen mit einer abenteuerlichen Reise verbunden, die man Exkursion nennt. Zu einer Exkursion brechen die Wissenschaftler fast immer in einer Gruppe auf, denn im Team arbeitet es sich besser. Solche Exkursionen führen dann z. B. in Gebiete aktiver Vulkane. Dort können die Geoforscher frische magmatische Gesteinsproben einsammeln und etwas über den Vulkanismus auf unserer Erde lernen.

Meteoritenforscher reisen für ihre Probennahme bevorzugt ins ewige Eis oder in die Wüste, denn dort fallen die kleinen schwarzen Meteoriten besonders gut auf und sind leichter zu finden und einzusammeln. Eine Expeditionsreise an Nord- oder Südpol kann ein bis zwei Monate dauern, manchmal gibt es tagelang kein gutes Wetter, sondern es ist kalt und verschneit. Dann müssen die Forscher auf bessere Bedingungen zum Sammeln der Steine warten und in ihren Zelten ausharren.

Als Hobbywissenschaftler kannst du bei dir zu Hause selbst Kristalle herstellen. Mit Kristallzuchtkästen geht das besonders einfach.

Geowissenschaftler sind aber nicht nur an Land unterwegs, sie können auch mit Bohrschiffen auf den Ozeanen der Welt umherfahren, um Gesteinsproben vom Meeresboden aufzusammeln oder Bohrkerne zu ziehen.

In Labor und Hörsaal Nach erfolgreicher Probennahme untersucht der Geowissenschaftler seine Gesteine im Labor, meist werden die Gesteine zuerst im Handstück, man sagt »makroskopisch«, betrachtet und anschließend mit dem Mikroskop und verschiedensten Geräten untersucht, um noch bessere Kenntnis über die Zusammensetzung der Mineralien und Gesteine zu bekommen.

Geowissenschaftler sind auch in Museen und Universitäten tätig. Dort wollen sie den Menschen ihr Wissen über die Welt der Mineralien und Gesteine näherbringen. Viele Geowissenschaftler arbeiten auch in der Industrie, sie forschen dann z. B. an der Herstellung von Baustoffen (wie Zement) oder Gläsern oder auch an der Entwicklung von Autolacken. Du kannst sie aber auch in Laboren der Kriminalpolizei, wo sie Beweismaterial untersuchen, oder in der Schmuckindustrie finden. Du siehst also: Das Berufsfeld des Geowissenschaftlers ist sehr abwechslungsreich und spannend!

An einem Bohrkern erforschen Geologen die unterschiedliche Sedimentabfolge in den Tiefen der Erde.

Geologen beschäftigen sich mit Gesteinen. Die Geologie selbst ist somit die Wissenschaft vom Aufbau und der Zusammensetzung der Erde. Geologen erforschen Gesteine und Geschehnisse auf der Erdoberfläche, die mit ihnen zusammenhängen, wie z. B. die Verwitterung von Gesteinen. Sie arbeiten auch als Ingenieurgeologen, wobei sie Baugrund auf seine Stabilität untersuchen, oder als Hydrogeologen, deren Spezialgebiet der Verlauf und die Sicherheit unseres Grundwassers ist.

2006 ereignete sich am Eiger in den Berner Alpen ein großer Felssturz. Seitdem wird der Berg von Geologen überwacht.

Diese Wissenschaftler sammeln Gesteinsproben in der Antarktis.

Als Hobbygeowissenschaftler unterwegs

Entdeckertipps für Deutschland, Österreich und die Schweiz

In diesem Buch hast du die wunderbare Welt der Gesteine und Mineralien kennengelernt. Um sie mit deinen eigenen Augen zu entdecken, musst du keine weiten Reisen antreten, denn es gibt sie fast überall! Du kannst auf Mineralien- und Gesteinssuche gehen oder dir bei einer Wanderung faszinierende Gesteinsformationen anschauen. Besonders schöne Mineralien, Kristalle und Edelsteine sind in Museen und öffentlichen Sammlungen ausgestellt. In Besucherbergwerken erforschst du die Welt unter Tage, kannst mit der Grubenbahn ins Bergwerk einfahren, Stollen erkunden und viel Interessantes über das Leben und die Arbeit der Bergleute lernen. Solche Schaubergwerke sind extra für Besucher eingerichtet und deshalb völlig gefahrlos zu betreten.

In Deutschland, Österreich und der Schweiz gibt es unzählige Möglichkeiten, Gesteine und Mineralien zu entdecken – bestimmt auch in deiner Nähe! Auf dieser Seite findest du ein paar Tipps für besonders sehenswerte Orte. Worauf wartest du noch?

1 Saalfelder Feengrotten In Saalfeld erwartet dich eine unterirdische Märchenwelt mit Tropfsteinhöhlen und Grottenseen, die du in einer Führung erkunden kannst. www.feengrotten.de

2 Schacht Alte Elisabeth und Schacht Reiche Zeche Den Freiberger Bergbau hast du auf S. 47 kennengelernt. Vielleicht hast du nach einer Führung Lust auf einen Bergmannsschmaus unter Tage? www.besucherbergwerk-freiberg.de

3 Bernsteinmuseum Ribnitz-Damgarten Hier kannst du nicht nur eine beeindruckende Bernsteinsammlung bewundern, sondern das Bernsteinschleifen in der Schauwerkstatt auch selbst ausprobieren. www.deutsches-bernsteinmuseum.de

4 Grube Fortuna Neben dem Besucherbergwerk gibt es auf dem Bergmannspfad und dem Feld- und Grubenbahnmuseum viel Spannendes zu entdecken. Im Museum kannst du eine Runde im Grubenzug drehen. www.grube-fortuna.de

5 Erlebnisbergwerk Merkers Besonderes Highlight dieses Salzbergwerks ist die Kristallgrotte, die erst 1980 entdeckt wurde und heute ein »Museum zum Anfassen« ist. www.erlebnisbergwerk.de

6 Das Bergwerksmuseum Grube Samson ist seit 2010 UNESCO-Weltkulturbestätte. Hier lernst du Bergbautechnik aus dem 18. und 19. Jahrhundert kennen, die teilweise noch im Original erhalten ist. www.harzer-roller.de/grube/de/frames/text.html

7 Mineralien-Museum und Geologischer Wanderweg des Ruhr Museums Essen Die spannenden Ausstellungen im Museum sind ein guter Ausgangspunkt für eine Entdeckungstour auf dem Geologischen Wanderweg. Dort erfährst du, wie Kohle entsteht, und in einer Präparationswerkstatt kannst du deine Fundstücke weiter bearbeiten. www.ruhrmuseum.de/aussenstellen/mineralien-museum

8 Mineralogisches Museum der Universität Hamburg
Hier kannst du Schaustücke aus allen Bereichen der Mineralogie bestaunen: Gesteinsstücke, Edel- und Schmucksteine, Meteoriten und vieles mehr.
www.museen.uni-hamburg.de

9 Das **Eifel-Vulkanmuseum Daun** ist das älteste Vulkanmuseum Deutschlands. Ein Ausflug in den Vulkaneifel European Geopark lohnt sich ebenfalls.
www.vulkaneifel.de/eifel-vulkanmuseum

10 Schlossberghöhlen   Unter den Ruinen der Hohenburg befinden sich die größten Buntsandsteinhöhlen Europas. Die ehemaligen Bergwerksstollen aus dem 17. Jahrhundert erstrahlen in verschiedenen Gelb- und Rottönen.
www.homburg.de/content/pages/hoehlen.htm

11 Mineralienhalde Grube Clara
Europas einzige frei zugängliche Mineralienhalde. Hier wurde schon so mancher seltene Fund gemacht!
www.mineralienhalde.de

12 Museum Reich der Kristalle München
Hier findest du Silber, Gold und Edelsteine, aber auch Meteoriten und Gesteine vom Mond und vom Mars
Infos über: www.museen-in-muenchen.de

13 Fossilien Solnhofen
Viele Versteinerungen, die in Museen und Fossiliensammlungen zu bestaunen sind, stammen aus dem Solnhofener Plattenkalk. In Solnhofen und Umgebung kannst du dich in Besuchersteinbrüchen auch selbst auf die Suche begeben.
www.fossilien-solnhofen.de

14 Historisches Besucherbergwerk Bodenmais
Im ehemaligen Silberbergwerk lassen sich 60 verschiedene Erze und Mineralien finden. Nach der Führung durch den Berg kannst du mit der Sommerrodelbahn zurück ins Tal gelangen.
www.silberberg-online.de

15 Schwazer Silberbergwerk   Um 1500 kamen rund 85 Prozent des weltweit produzierten Silbers aus Schwaz. Im größten Silberbergwerk des Mittelalters kannst du den Spuren der Bergleute folgen – und als »Münzmeister« deinen eigenen Silbertaler prägen. www.silberbergwerk.at

16 Schaubergwerk Arzberg
Bei einer Führung durch den Lehrstollen unter Tage und entlang einem Lehrpfad über Tage lernst du den Bergbau in all seinen Facetten kennen. Auf der Internetseite kannst du dir die einzelnen Stationen schon einmal ansehen. www.arzberg.at

17 Durch das mittelalterliche **Kupferschaubergwerk Radmer** fährt die weltweit schmalste Grubenbahn mit einer Spurweite von nur 35 Zentimetern. Bei einer Führung kannst du eine Rundfahrt wagen.
www.kupferschaubergwerk.at

18 Salzwelten Altaussee   Im größten aktiven Salzbergwerk Österreichs kannst du mit einer Bergmannsrutsche direkt in die Tiefen des Berges gelangen. Besonders spannend sind der unterirdische Salzsee und die Kapelle der heiligen Barbara – und natürlich das Steinsalz, das in bunten Farben von den Wänden schimmert.
www.salzwelten.at/de/altaussee/bergwerk

19 Salzbergwerk Bex   Hier werden die Methoden des Salzabbaus von der Gründung des Bergwerks 1684 bis heute gezeigt. Zum Abschluss der Führung lohnt sich ein Besuch im unterirdischen Restaurant-Stollen. www.mines.ch/de

20 Im **Naturhistorischen Museum Basel** befindet sich eine mineralogische Sammlung mit 125 000 Exponaten. Viele sind äußerst wertvoll, da sie von nicht mehr existierenden Fundorten stammen. www.nmb.bs.ch

21 Mineralienmuseum Einsiedeln   Den Schwerpunkt der Sammlung bilden Quarze. Eine Besonderheit ist das Fluoreszenzkabinett: In ultraviolettem Licht zeigen Mineralien strahlende Farbenspiele.
www.mineralienmuseum.ch

Glossar und Tipps

Abraum Für die Bergbauindustrie unbrauchbares Material, das abtransportiert werden muss, um an Erz zu kommen

Aggregat Verwachsung mehrerer Einzelkristalle

Atome Bausteine, aus dem alle Stoffe im Universum bestehen

derb So bezeichnet man ein Mineralstück, das nicht durch Kristallflächen, sondern nur durch Bruchflächen begrenzt ist.

Dichte Gewicht eines Mineralwürfels mit einer Kantenlänge von 1 Zentimeter

Doppelender Kristall, der an beiden Enden regelmäßige Kristallflächen zeigt, also keine Anwachsstellen aufweist

Druse Hohlraum im Gestein, in dem Kristalle wachsen. *Siehe auch Geode*

Dünnschliff Extrem dünn geschliffenes Gesteinsplättchen, durch das man hindurchsehen kann

Edelstein Zu Schmuckzwecken verschliffenes Mineral, härter als Härte 7 auf der Mohsschen Härteskala und besonders selten

Einschluss Mineral, das in einem anderen Mineral eingeschlossen ist

Erosion Abtragung von Gesteinen und Böden durch Einwirkung von Wasser, Gletschereis und Wind

Erz Mineral oder Mineralgemenge, das der Gewinnung von Metallen und anderen Elementen dient

Fällung Hierbei entstehen aus einer wässrigen Lösung feste Stoffe, die sich am Boden absetzen.

Findling Gesteinsblock, der während der Eiszeit durch Eismassen an seinen jetzigen Standort transportiert wurde

Fossilien Versteinerte Überreste von Tieren oder Pflanzen

Gang Ausfüllung einer Spalte im Gestein mit Mineralien, die jünger sind als das umgebende Gestein

Gangarten Mineralien, die Erzmineralien begleiten

Ganggesteine Füllen Spalten in anderen Gesteinen aus

gediegen Metalle, die in der Natur in reiner Form auftreten, z. B. Gold, nennt man gediegen.

Geode Kugelförmiger Hohlraum in vulkanischem Gestein, der mit Kristallen ausgekleidet ist

Geotop Wegen seiner geologischen oder mineralogischen Besonderheit geschützter Ort

Gestein Aus Mineralien aufgebauter geologischer Körper im Meter- bis Kilometerbereich. Kleinere Körper nennt man Mineralverwachsungen.

Glanz Dient der Mineralbestimmung. Beschreibt, wie ein Mineral im Licht glänzt. Dieser Eindruck entsteht durch die Brechung und Spiegelung des Lichts an den Kristallflächen.

Härte Maß dafür, wie leicht ein Mineral zu ritzen ist. Einteilung in 1 (Talk) bis 10 (Diamant) nach der Mohsschen Härteskala

Ionen Elektrisch geladene Atome oder Atomgruppen

Kalkstein Sedimentgestein, das hauptsächlich aus Kalkspat besteht. Enthält häufig zahlreiche Fossilien

Kluft Hohlraum oder Spalte im Gestein

Kristall Fester, von regelmäßigen Flächen begrenzter Körper. Die äußere Form spiegelt den regelmäßigen inneren Aufbau aus Atomen und Molekülen wider.

Kristallsystem Es gibt sieben Kristallsysteme, die nach ihrer äußeren Form unterschieden werden: kubisch, tetragonal, hexagonal, trigonal, rhombisch, monoklin, triklin.

Lava Flüssiges Gestein, das an der Oberfläche, z. B. aus Vulkanen, austritt

Lösung Gemisch aus einer Flüssigkeit und einem Feststoff, in dem man die einzelnen Bestandteile mit dem bloßen Auge nicht mehr erkennt. Ändern sich die Bedingungen, z. B. der Druck oder die Temperatur, kann sich der Feststoff von der Flüssigkeit trennen (»Fällung«).

Magma Glutflüssiges Gestein, das sich im Erdinneren befindet. Die Sammelbezeichnung für Tiefengesteine und vulkanische Gesteine lautet Magmatite.

Metamorphose Umwandlung von Gesteinen durch Änderung von Druck und Temperatur

Micromount Maximal 2 x 2 Zentimeter großes Mineralstück

Mineral Natürlich entstandener fester geologischer Körper mit einer einheitlichen chemischen Struktur

Oxidationszone Bereich einer Lagerstätte, der dem Einfluss von Sauerstoff ausgesetzt ist

Pegmatit Sehr grobkörniges Gestein, dessen Hauptmineralien meist Quarz und Feldspat sind

Plattentektonik Bewegung der Erdplatten, aus denen die Erdkruste besteht

Plutonit Tiefengestein. Erstarrt in der Tiefe

Prospektion Suche nach wertvollen Erzen

Schieferung Aufbau eines Gesteins aus parallel zueinander liegenden Schichten

Sedimente Ablagerungsgesteine

Sinter Kalkkrusten, die sich z. B. an den Wänden von Höhlen bilden

Spaltbarkeit Dient der Mineralbestimmung. Sie wird durch Zerbrechen eines Minerals festgestellt. Entstehen dabei glatte, glänzende Flächen, wird die Spaltbarkeit als vollkommen bezeichnet.

Stalagmiten Tropfsteine, die vom Boden nach oben wachsen

Stalaktiten Tropfsteine, die von der Höhlendecke herabhängen

Stereomikroskop Auch: Binokular. Damit kann man Gegenstände dreidimensional betrachten.

Systematik oder systematische Sammlung nennt man eine Sammlung, die möglichst alle existierenden Mineralien enthält.

Tagebau Große Vertiefung im Erdboden. Entsteht, wenn Mineralien und Erze direkt von der Erdoberfläche aus abgebaut werden

Tropfsteine In Höhlen durch herabtropfendes Wasser entstehende zapfenähnliche Gebilde

Verwitterung Zerstörung eines Gesteins oder Minerals durch natürliche Einflüsse, z. B. Wind oder Wasser

Vulkanite Vulkanische Gesteine

Zwillinge Gesetzmäßige Verwachsung zweier Kristalle der gleichen Mineralart. Es gibt auch Drillinge, Vierlinge, Fünflinge etc.

Buchtipp

Rupert Hochleitner/Melanie Kaliwoda *Lesen – Staunen – Wissen. Edelsteine & Kristalle. Schätze aus dem Inneren der Erde,* Gerstenberg, Hildesheim 2011, ab 8 Jahren. Mit vielen spannenden Sachinfos, tollen Abbildungen, detailreichen Illustrationen und jeder Menge Aktivtipps. Die optimale Ergänzung zum Thema Gesteine und Mineralien vom Expertenteam aus dem Museum Reich der Kristalle in München

Filmtipp

Männer unter Tage. Historische Filmaufnahmen aus dem Bergbau DVD 2009, ohne Altersbeschränkung. Die Dokumentation zeigt in mehreren Filmen den Bergbau in Deutschland zur Zeit des Wirtschaftswunders, die Geschichte des Ruhrgebiets, die Forschungsarbeit im ehemaligen Salzbergwerk Asse II und den Goldabbau in den 4000 Meter tiefen Bergwerken Südafrikas.

Webtipps

www.mineralienatlas.de
Die Internetseite bietet vielfältige Informationen rund um Gesteine und Mineralien, u. a. eine Liste mit Besucherbergwerken in vielen europäischen Ländern sowie Tipps zu aktuellen Fundstellen und der richtigen Ausrüstung.

www.tag-des-geotops.de
Jedes Jahr werden am »Tag des Geotops« deutschlandweit Hunderte von Veranstaltungen rund um verschiedenste Geotope angeboten: Wanderungen, Führungen, Sammeltouren und vieles mehr – oft auch speziell für Kinder. Auf dieser Seite kannst du dich über Aktivitäten in deiner Nähe informieren.

A, B, C

Achat 8, 40, 41
Adular 42
Amethyst 8, 9, 14, 40, 42
Ammonit 32
Anatas 42
Antimonit 2, 7
Apatit 40
Aquamarin 8, 10, 25
Aragonit 29
Augit 40
Azurit 9, 14, 16, 45
Basalt 22, 23, 26, 34, 53
Bergkristall 8, 15, 42
Bernstein 39, 60
Beryll 8, 10, 24, 40
Bimsstein 23, 40
Blei 7, 16, 25, 58
Bleiglanz 16
Calcit 6, 8, 20, 28, 29
Chalkopyrit 9, 16
Chrom 9
Chrysokoll 45
Citrin 14, 15,
Cuprit 11, 16

D, E, F

Diamant 12, 14, 15, 27
Doppelender 8, 14, 62
Druse 5, 8, 25, 40, 62
Edelmetalle 16
Edelsteine 30, 62
Eisen 7, 16, 17, 31, 44
Eklogit 26, 34
Erze 7, 17, 41, 44, 47, 62
Erzmineralien
    7, 16, 25, 45

Feldspat 6, 9, 20, 24, 26, 40
Feuerstein 39
Findlinge 53, 62
Fluorit 41
Flussspat 10
Fossilien 31–33, 38, 50, 53, 61, 62

G, H

Gabbro 22, 24
Gallium 16
Gangarten 7, 41, 62
Ganggesteine 6, 25, 40
Geode 8, 62
Gesteine
    magmatische 22, 34
    metamorphe
    siehe Umwandlungs-gesteine
    monomineralische 6
    vulkanische
    siehe Vulkanite
Gips 9
Glas 23, 59
Glimmer 6, 15, 20, 25, 39, 43
Glimmerschiefer 43
Gneis 20, 26
Gold 7, 16, 17, 30, 31
Granat 8, 9, 25, 26, 31, 39, 42
Granit 5, 6, 20–22, 24, 26, 31, 35, 38, 40, 54
Graphit 12, 13, 15, 27
Habachtaler
    siehe Smaragd
Hämatit 15

Hauyn 40
Hühnergötter 39

K, L

Kalkspat
    siehe Calcit
Kalkstein 6, 20, 21, 29, 32, 37, 39, 51, 62
Kies 29–31, 49
Kieselsteine 31, 38, 55
Kohle 32, 33
Kristalle (Definition) 7, 11, 13, 22, 24, 31, 37, 43, 61, 62
Kupfer 9, 16, 25, 45, 47
Kupferkies
    siehe Chalkopyrit
Lapislazuli 14
Lava 19, 22–24, 34, 58, 62
Limonit 45
Lithium 17
Lockergesteine 29, 30
Lösskindl 39

M, N, O

Magma 22–26, 34, 35, 62
Magnetit 31, 42
Malachit 9, 14, 16, 45
Marmor 20, 21, 27
Metalle 37, 44
Meteoriten 27, 35
Micromounts 57, 62
Mineralien
    Bestimmung 14
    Definition 6

Eigenschaften 8–12, 35
Muscheln 29, 31
Neodym 12, 17
Obsidian 23
Okenit 11
Olivin 23, 38, 39
Omphacit 26
Opal 9

P, Q, R

Pegmatite 24, 25, 40, 54, 62
Platin 7, 15, 17
Plutonite 19, 22, 24, 25, 62
Pyrargyrit 16
Pyrit 6, 10, 14, 16, 42, 57
Pyroxen 24
Quarz 6, 8, 9, 14, 15, 20, 26, 40–42
Quarzsand 7, 17
Quecksilber 10
Rhyolith 22
Rubellit 24
Rubin 44
Rutil 42

S, T

Salze 10, 13, 17, 37, 46, 61
Sand 9, 21, 28–31
Sandstein 21, 28
Sanidin 20
Saphir 40, 44
Schiefer 20, 21, 25, 26, 32, 34, 39, 43
Schluff 30

Schwerspat 41
Silber 7, 16, 25
Silbererze 16
Silicium 7, 16, 17, 29
Sinter 29, 62
Smaragd 9, 43
Smithsonit
    siehe Zinkspat
Speckstein 20
Stalagmiten 28, 62
Stalaktiten 28, 62
Talk 15, 21
Tiefengesteine
    siehe Plutonite
Titanit 42
Topas 24, 25
Tropfsteine 28, 29, 60, 62
Tuff 40
Türkis 9, 45
Turmalin 10, 25, 40, 42

U, V, W, Z

Umwandlungsgesteine 6, 19, 20, 26, 34, 35, 55
Vanadinit 14, 45
Vulkanite 6, 8, 22, 23, 34, 55, 62
Wulfenit 57
Zink 7, 16, 25, 58
Zinkspat 45
Zinn 25
Zwillinge 9, 62

Bildnachweis ▪ **Agentur Focus** ▪ Science Photo Library / Martyn F. Chillmaid: S. 51Mr ▪ Science Photo Library / David Scharf: S. 31Mrl ▪ **M. Bertling** ▪ Geomuseum der WWU Münster: S. 39Mru ▪ **BLV Buchverlag:** S. 52olM ▪ **Alessandro Chinaglia:** S. 57Mrl ▪ **Christian Weise Verlag GmbH:** S. 52olr ▪ **Corbis** ▪ Walter Geiersperger: S. 43ul ▪ Science Faction / Peter Ginter: S. 17ur ▪ Smithsonian Institution: S. 24ol ▪ **ddp images:** S. 55urr ▪ **Didier Descouens** ▪ S. 40Mr ▪ **everystockphoto** ▪ Michiel2005: S. 27uro ▪ subarcticmike: S. 57Mrr ▪ **fotolia** ▪ Anyka: S. 13orl ▪ Yuri Arcurs: S. 13orr ▪ Beboy: S. 34Ml, 53Mru ▪ ChinellatoPhoto: S. 42Mr ▪ claffra: S. 33oro ▪ Daoud: S. 8Ml ▪ digerati: S. 13uru ▪ Digitalpress: S. 90lr ▪ eyeidea: S. 33oru ▪ Jürgen Fälchle: S. 53o ▪ Ralf Gosch: S. 22ol ▪ Liddy Hansdottir: S. 55url ▪ Ideeah Studio: S. 13Ml ▪ Andrew Kazmierski: S. 54ol ▪ Andy Köhler: S. 8uM ▪ marcel: S. 10Mlo ▪ Ervin Monn: S. 14Mro ▪ opicobello: S. 21ur ▪ photo 5000: S. 43Mr ▪ Marcel Schauer: S. 5Mr ▪ Sebalos: S. 29Ml ▪ sennaho815: S. 9Mro ▪ starush: S. 29or ▪ David Woods: S. 55Ml ▪ **getty images** ▪ De Agostini: S. 40olo ▪ **Dr. Rupert Hochleitner:** Einbandfoto vorn, S. 7ur, 9Mru, 11Ml & or, 13uro, 17orl & orr & Mr, 26ol & u, 31Mrr, 41Mro, 42ol, 55M, 57Mro ▪ **imago** ▪ Africa Media Online: S. 7Mr ▪ Arco Images: S. 28Ml, 56Mlu ▪ Becker & Bredel: S. 46ul ▪ blickwinkel: S. 8ol, 10Mlu, 18–19, 29Mr, 40olu, 41Mru ▪ Döhrn: S. 31or ▪ Eßling: S. 59or ▪ Geisser: S. 59Mr ▪ Hense: S. 47or ▪ Arnulf Hettrich: S. 35oro ▪ Hölling: S. 36–37 ▪ imagebroker: S. 20ol, 26Ml, 30ul, 50Ml, 51or, 52ul, 53Mro, 56ol ▪ imagebroker / M. Fischer: S. 4–5 ▪ imagebroker/giovannini: Einband hinten Mr, S. 24ul ▪ imagebroker/Nitzschke: S. 22Ml ▪ imagebroker/szönyi: S. 23Mro ▪ Kraft: S. 25or ▪ Ralph Lueger: S. 47Mr ▪ photo2000: S. 58ul ▪ Plusphoto: S. 38Ml ▪ Siering: S. 24ul ▪ Sommer: S. 15or ▪ Jochen Tack: S. 44ul ▪ Xinhua: S. 33ur ▪ **KOMPASS-Karten GmbH:** S. 52oll ▪ **NASA:** S. 35oru ▪ JPL Archives: S. 27or ▪ **Picture-Alliance** ▪ akg images / Werner Forman: S. 7or, 90ll ▪ dpa: S. 12ol, 14ol & Ml, 16ol, 46ol, 50ol, 56Mlo, 58ol, 59ur ▪ dpa/Zentralbild: S. 48–49 ▪ Uwe Gerig: S. 32ol ▪ Globus Infografik: S. 35u ▪ Mary Evans Picture Library: S. 43ur ▪ Süddeutsche Zeitung Photo: S. 27Mr ▪ Rolf Wilms: S. 23Mru ▪ **Pixelio** ▪ berggeist: S. 34ol ▪ Hans Peter Dehn: S. 28ol ▪ Kurt F. Domnik: S. 39Mro ▪ Rosel Eckstein: S. 30ol ▪ Klicker: S. 39Mlu ▪ Werner Lojowski: S. 32ul ▪ Paul Marx: S. 32Mlo ▪ Sarmakant: S. 90r ▪ Dieter Schütz: S. 60l, 11Mr, 23or ▪ Johns Schulz: S. 41oM ▪ Andreas Senftleben: S. 21Mr ▪ Peter Smola: S. 46M ▪ Hans Snoek: S. 39Mlo ▪ Rainer Sturm: S. 21or ▪ Rolf van Meis: S. 7Ml ▪ Johannes Vortmann: S. 43o ▪ **U.S. Geological Survey:** S. 45or

So macht Wissen Spaß!

Lesen
Staunen
Wissen

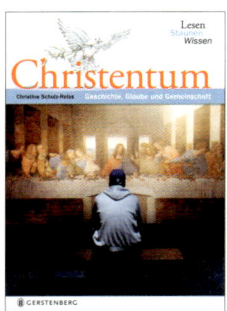

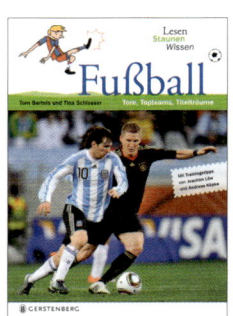

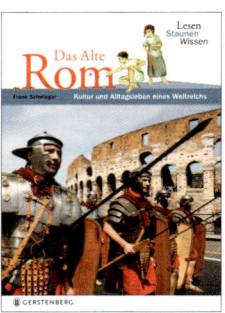

Leseprobe

b2l.bz/G8TWGL

Schau ins Buch!

In Vorbereitung:
Deutschland
Das Alte Griechenland
Luftfahrt
Naturgewalten

Dein Lieblingsthema fehlt noch?
Schreib uns eine Mail an:
pr@gerstenberg-verlag.de
Stichwort: Lesen-Staunen-Wissen:
Mein Lieblingsthema

Infos zur Reihe und zu
allen lieferbaren Bänden unter
www.gerstenberg-verlag.de
Hier kannst du in alle Bücher
reinblättern!